Os *Offshores*
do Nosso Quotidiano

Os *Offshores*
do Nosso Quotidiano

2018 · Reimpressão

Carlos Pimenta

OS *OFFSHORES* DO NOSSO QUOTIDIANO
AUTOR
Carlos Pimenta
EDITOR
EDIÇÕES ALMEDINA, S.A.
Rua Fernandes Tomás, n°s 76, 78 e 80
3000-167 Coimbra
Tel.: 239 851 904 · Fax: 239 851 901
www.almedina.net · editora@almedina.net
DESIGN DE CAPA
EDIÇÕES ALMEDINA, S.A.
PRÉ-IMPRESSÃO
EDIÇÕES ALMEDINA, S.A.
IMPRESSÃO E ACABAMENTO
DPS - DIGITAL PRINTING SERVICES, LDA

março, 2018
DEPÓSITO LEGAL
437475/18

Os dados e as opiniões inseridos na presente publicação são da exclusiva responsabilidade do(s) seu(s) autor(es).
Toda a reprodução desta obra, por fotocópia ou outro qualquer processo, sem prévia autorização escrita do Editor, é ilícita e passível de procedimento judicial contra o infrator.

 GRUPOALMEDINA

Biblioteca Nacional de Portugal – Catalogação na Publicação

PIMENTA, Carlos

Os offshores do nosso quotidiano
ISBN 978-972-40-7370-5

CDU   33

"A economia libertou-se da política e dos controlos públicos, o mercado mundial desregulado funciona à margem de qualquer norma e o resultado é a ausência de qualquer lei no espaço internacional. O fluxo de capitais pelos circuitos do sistema impede conhecer a cor do dinheiro: hoje não é possível separar o dinheiro que tem origem em actividades lícitas do que resulta da fraude e do crime" (Steinko, 2013, p. 8)

"Os paraísos fiscais actuam em todos os lugares, logo, no seu país, na sua cidade. Enfraquecem os governos eleitos, minam a base tributária dos Estados e corrompem a vida política. Apoiam uma vasta economia criminal e permitiram o surgimento de uma nova aristocracia das finanças e dos negócios que não prestam contas a ninguém. Se não unirmos as nossas forças para limitar e controlar o segredo financeiro, o mundo que vi na África Ocidental há uma década tornar-se-á o mundo que legamos aos nossos filhos: nepotismo, impunidade, delinquência transfronteiriça e pobreza extrema. Alguns felizes limparão as suas botas no champanhe, enquanto o resto da sociedade esforçar-se-á para sobreviver. Podemos garantir que esse futuro não aconteça." (Shaxson, 2012, p. 395)

PREFÁCIO

Os *offshores* do nosso quotidiano

Aconteceu em 2014, ainda durante a Comissão de Inquérito à derrocada do império Espírito Santo. Luís Horta e Costa, antigo administrador da Escom[1], tinha sido chamado à Assembleia da República para explicar, entre outras coisas, o negócio da venda de dois submarinos ao Estado português em 2004. A polémica centrava-se no paradeiro de 27 milhões de euros, pagos a título de comissão pelo fornecedor dos submarinos – a Ferrostaal – à Escom, intermediária da operação. Desses, sabia-se que 5 milhões tinham sido entregues aos membros do Conselho Superior[2], e que 16 milhões foram repartidos por três administradores e um consultor da Escom. Faltava saber o que acontecera aos 6 milhões que ficavam a sobrar, e especulava-se sobre se teriam sido usados para corromper políticos ou membros das forças armadas portuguesas.

Foi em tom descontraído que Horta e Costa esclareceu a audiência. A ESCOM não tinha corrompido ninguém. O dinheiro em falta tinha 'apenas' sido gasto a montar um esquema de ocultação e fuga ao fisco: "quisemos dificultar o acesso a essa informação e esperar por uma oportunidade para regularizarmos os impostos com melhores condições fiscais"

---

[1] Empresa Angolana pertencente ao Grupo Espírito Santo.
[2] Órgão informal, composto por membros dos vários 'clãs' da família Espírito Santo e liderado por Ricardo Salgado.

(*Expresso*, 24.12.2014). E lá explicou o que entendeu revelar, com a descarada tranquilidade de quem descreve uma ida ao supermercado.

A operação começou por ser montada através de uma empresa especializada no Brasil. À cabeça foram gastos 2,1 milhões de euros para abrir um fundo - Feltree Investment Fund – domiciliado no POBT Bank and Trust, nas Bahamas. Desse fundo saíram 13 milhões de euros para os administradores e consultor da Escom. Uma outra quantia, 8,25 milhões, foi transferida para a Afrexports, uma sociedade do Grupo Espírito Santo sedeada nas Ilhas Virgens Britânicas. Daí, 5 milhões foram transferidos para as contas do Conselho Superior do GES, no KBL Swiss Private Bank, em Genebra. Outros três milhões completaram a parte da comissão pertencente à Escom. O resto foi gasto, ao que se sabe, em despesas associadas ao negócio e à operação financeira, advogados e consultoras, incluindo 940 mil euros associados aos custos de um empréstimo junto do BES Cayman, que serviu para antecipar o recebimento da dita comissão.

Luís Horta e Costa esclareceu por fim como foi possível repatriar o dinheiro escondido: "há uma lei aprovada aqui na Assembleia da República, e foi essa que agente aproveitou" (*Público*, 15.01.2015). Horta e Costa referia-se ao RERT I, o primeiro Regime Excecional de Regularização Tributária, aprovado em 2005, que estabelecia uma amnistia para quem repatriasse dinheiro oculto fora do país. Viriam a existir depois mais dois RERT, um em 2010 e outro em 2012.

O caso da Escom, sendo quase caricatural, é uma boa ilustração deste livro sobre os *Offshores do nosso quotidiano*. O seu autor foi cuidadoso nos relatos, fazendo uma clara opção por uma análise cuidada e bem fundamentada do fenómeno dos *offshores*, sem recorrer muito a casos particulares. Mas é essa, precisamente, a mais valia deste contributo. Carlos Pimenta oferece-nos, de forma acessível e sintética quanto baste, um enquadramento, uma grelha de análise para os *offshores* que, parecendo ao mesmo tempo realidades distantes, invadiram o nosso quotidiano.

Lembremo-nos das sociedades offshore utilizadas para empolar o valor do BCP em bolsa, para orquestrar os crimes financeiros associados ao BPN, ou para adulterar os resultados do BPP. As notícias vão saindo, às vezes a conta gotas, noutras em enormes escândalos originados em fugas de informação, como no caso do Luxleaks ou dos Panamá Papers. Milionários, jogadores de futebol, políticos, estrelas de cinema, prestigiados bancos e seus banqueiros, traficantes, terroristas ou simples e respeitados homens de negócios. De tudo se encontra no Panamá, nas Bahamas ou nas ilhas Caimão, mas também na Suíça, no Luxemburgo ou na ilha da Madeira.

Não há facilidades neste debate. As perguntas mais simples, como 'o que é um offshore?' ou 'para que serve?', não possuem respostas diretas. A dimensão do fenómeno, e suas consequências, são de difícil quantificação. E também não há soluções milagrosas. Mas nenhuma destas dificuldades é ignorada neste livro.

Voltemos ao caso da Escom. O esquema relatado por Horta e Costa tinha propósitos reconhecidos, se não outros: ocultar o recebimento da comissão e fugir aos impostos. O primeiro é eticamente reprovável, e o segundo é mesmo ilegal. Apesar disso, se analisarmos cada componente do complexo sistema de operações – os contratos, as consultoras, os advogados, as transferências para diferentes jurisdições - o que encontramos são expedientes que não são apenas legais, são porventura socialmente aceites e legitimados. E é precisamente por isso que não é possível, nesta teia, distinguir uma operação que visa, por exemplo, ocultar património num caso de divórcio, de uma outra que procura branquear dinheiro do tráfico. Todas as operações, independentemente do seu propósito, utilizam os mesmos instrumentos e ocorrem no mesmo sistema paralelo de segredo bancário, de empresas fictícias e contas fantasma, onde não há distinção entre o bem e o mal, o moral e o imoral.

O esquema da Escom mostra-nos que os offshores não são ilhas paradisíacas em territórios longínquos. Funcionam em rede, e dessa rede fazem parte diferentes territórios, com diferentes graus de opacidade e benefícios fiscais. Neste caso, o dinheiro percorreu vários países, das ilhas Britânicas à Suíça, acabando por entrar em Portugal por uma porta aberta pelo próprio governo. O RERT não faz de Portugal um offshore, embora seja um elemento a ter em conta nestes esquemas de circulação financeira. Mas, como bem lembra o autor, os Vistos Gold, ou o regime fiscal privilegiado para reformas de estrangeiros, são benefícios fiscais com pouco

OS *OFFSHORES* DO NOSSO QUOTIDIANO

sentido para além de uma politica de competição fiscal agressiva, e a sua obtenção pode suscitar esquemas de corrupção, como os que o tribunal está agora a julgar. Falta referir o Centro Internacional de Negócios da Madeira (CINM). Embora as suas regras tenham sido alteradas ao longo do tempo, o regime da Madeira continua a atrair centenas de empresas fictícias, meros apartados, utilizados para os mais variados esquemas de triangulação financeira e fraude fiscal. Vale a pena, a esse respeito, consultar a investigação jornalística franco-alemã 'Money Island', bem como o Relatório sobre o Regime Fiscal do CINM elaborado pela eurodeputada Ana Gomes.

Segundo a Oxfam, dois terços da verba globalmente ocultada em offshores está localizada em territórios da União Europeia. Não admira, portanto, que o autor identifique a Europa como 'o epicentro da fraude'. A City de Londres é alimentada por um antigo império colonial, agora transformado numa fonte de financiamento inesgotável, e livre de impostos. Uma investigação da Vanity Fair dizia que "o sol nunca se põe no império britânico de offshores e paraísos fiscais" (*Público*, 25.05.2013). Mas o Reino Unido não é a exceção. Há Malta, que gere um verdadeiro offshore, a Suíça, conhecida pelo seu sigilo bancário e opacidade, a Holanda e a Irlanda, países usados por várias empresas portuguesas para esquemas de planeamento fiscal agressivo e, claro, o Luxemburgo. Estas jurisdições funcionam como porta de entrada e saída de fundos que circulam pela vasta rede de *offshores*, mas não só. Veja-se o Luxemburgo. Sabe-se agora que, durante anos, o pequeno país Europeu assinou acordos secretos com 340 multinacionais, que puderam assim fugir aos impostos nos seus países de origem ou onde exerciam atividade. O país foi também responsável pelo constante bloqueio de legislação mais apertada no controlo dos fluxos *offshore* na União Europeia.

Que não restem dúvidas, os maiores interessados na manutenção do atual *status quo* no que diz respeito a estas jurisdições, são os países mais ricos, com a Europa à cabeça. Não é irrelevante que Jean-Claude Juncker, o Primeiro-Ministro do Luxemburgo durante dezoito anos, presidente do Eurogrupo entre 2005 e 2013 e, desde 2014, presidente da Comissão Europeia.

PREFÁCIO

Os interesses dos países mais importantes do mundo devem fazer-nos questionar as medidas que estão a ser levadas a cabo, não só na União Europeia, mas também ao nível da OCDE. Se é verdade que o muito discutível combate dos EUA ao terrorismo trouxe medidas boas, como o FATCA[3], também o é que, cada vez mais, as instituições internacionais optam por um caminho que, em vez de erradicar os offshores, os legitima. Criam-se listas de critérios de transparência, muitas vezes meramente formais, cujo resultado é, simplesmente, validar jurisdições que optam por regimes de concorrência fiscal desleal. Opta-se por uma estratégia de acordos bilaterais de não dupla tributação[4] que, sob a desculpa da troca de informação entre países que (mais uma vez, de eficácia questionável), instituíram uma prática chamada 'treaty shooping': a elaborações de complexas malhas de transferências internacionais que exploram as oportunidades abertas de forma bilateral entre países para não pagar impostos em território algum.

As consequências desde mundo paralelo são vastas. Os *offshores* aprofundam as desigualdades porque permitem aos cidadãos e empresas com mais recursos pagar menos impostos. Retiram recursos essenciais aos Estados e aumentam a dívida pública, fazendo recair o peso da carga fiscal sobre os trabalhadores e pequenas empresas. Tiram por isso a legitimidade aos sistemas fiscais e tributários, vistos como parciais e injustos. Favorecem as atividades ilícitas, o tráfico, a corrupção, o branqueamento e o terrorismo.

Aqui chegados enfrentamos, finalmente, a pergunta mais difícil: o que fazer?

Este livro não se perde em respostas titubeantes, nem cai na perigosa tentação de argumentar que há *offshores* e *offshores*, ou que é possível expurgar deste sistema tudo o que o corrompe, deixando ficar apenas os benefícios do mais puro liberalismo. A pura competição fiscal já é, por

---

[3] FATCA - Foreign Account Tax Compliance Act. É uma lei Norte Americana que tem o objetivo de combater a evasão fiscal e obter informação financeira sobre transações de cidadãos dos EUA relativamente a ganhos obtidos fora do país.
[4] Acordos de dupla tributação - acordos que visam impedir que o mesmo rendimento seja tributado em dois países diferentes, eliminando, por exemplo a retenção na fonte no país de origem do rendimento.

si só, prejudicial aos princípios de igualdade e justiça; e os mecanismos que a permitem são os mesmos que favorecem e atraem todo o tipo de atividades que caminham na fina linha entre o legal e o ilegal, o ético e o imoral.

A mensagem do livro é clara: os *offshores* têm que ser erradicados. Mas a tarefa é árdua. Fazê-lo significa pôr em causa os interesses de economias poderosas e dos seus lideres políticos, de bancos e multinacionais, de banqueiros e personalidades internacionais. Os *offshores* servem o poder, e o poder protege-os. Mas, como sempre nas lutas de poder, há passos que podem e devem ser dados.

Um desses passos, bem enfatizado pelo autor, é o da consciencialização social. Só a informação e o conhecimento podem desmascarar a hipocrisia da elite que mantém um discurso em prol da transparência e da decência, ao mesmo tempo que tudo faz para que tudo mude, para tudo ficar na mesma. Este livro é um importante contributo nesse sentido.

Mas há outras propostas, que vão desde a área da justiça à alteração do estatuto jurídico do Centro Internacional de Negócios da Madeira. O autor não o refere, mas acrescento, a título pessoal, que essa deveria ser uma tarefa prioritária do Parlamento no combate à fraude e à evasão fiscal.

A secção de conclusões deste *Offshores do nosso quotidiano* retoma um derradeiro debate, que é também uma provocação. Qual o papel dos *offshores* no sistema capitalista? Será possível um capitalismo "limpo", ou será que toda esta rede de *offshores* e regimes associados são estruturais na organização do sistema económico? Pessoalmente, partilho da visão do autor ao afirmar "que é uma forma de organização e funcionamento do capitalismo na fase da globalização" (p. 81).

Se há coisa que a história do capitalismo português nos mostra é que a fraude e os capitalistas sempre andaram de mãos dadas. Mas isso é reflexão que deixo aos leitores deste livro.

Mariana Mortágua
Janeiro/2018

1. INTRODUÇÃO

1.1. O ditado popular "longe da vista, longe do coração" (Machado, 1996, p. 269) é profundamente enganador. O que comemos, o que vestimos e também o que sonhamos ser no futuro; o trabalho que nos ocupa, o salário que usufruímos, a família que construímos e os impostos que pagamos; enfim, tudo que garante a nossa sobrevivência e a nossa caminhada interminável pela cultura integral do indivíduo, está influenciado pelos *offshores*. E esta cegueira não é só nossa. A especialização disciplinar, a uniparadigmaticidade formativa, o silêncio dos canais informativos fazem com que as "sombras" (Louçã & Ash, 2017) impeçam, ou dificultem, captar a realidade.

O texto, exprime essa proximidade de cada um de nós, enquanto cidadãos portugueses e do mundo, dos *offshores*, apesar da percepção frequente que temos de que essas coisas nada têm a ver connosco.

1.2. Este livro é o ponto de encontro da preocupação da Universidade Popular do Porto – na continuidade das preocupações e acção de Bento Jesus Caraça, para quem a primeira função da cultura é "*dar a cada homem a consciência integral da sua própria dignidade*" (1970, p. 8) – com a investigação que tem sido realizada pelo OBEGEF – Observatório de Economia e Gestão de Fraude.[1]

---

[1] As posições aqui expressas são da exclusiva responsabilidade do autor e não vincula a organização. Aliás ela caracteriza-se pelo pluralismo de posições, balizado pela ética.

OS *OFFSHORES* DO NOSSO QUOTIDIANO

A importância do tema é, como referimos, óbvia. Pelos montantes envolvidos, pela sua função central na financiarização da actividade económica e porque a vida quotidiana de todos nós é decisivamente marcada pela existência dos *offshores*. Neste trabalho, que se limita a sistematizar conhecimentos já produzidos sobre esse assunto, pretendemos descrever esta situação.

É um trabalho introdutório organizado num diálogo entre perguntas e respostas que visam gizar os factos fundamentais dos *offshores*, permitindo ao leitor um posterior aprofundamento desta complexa realidade e uma atitude cívica lúcida.

1.3. Há uma ideia fundamental que norteia todo o trabalho: o que determina que um acontecimento seja criminalizado resulta da leitura que a sociedade (dando a este termo um sentido muito vasto) faz dele. Como diz Steinko (2013, p. 16/17), seguindo de perto o modelo da etiquetagem

> "[É de descartar] uma definição do crime como se tratasse de uma realidade estática e a-histórica. O que se deve averiguar é como, quando e porquê varia a imagem que uma sociedade tem de determinadas condutas, até considerá-las como desviantes e puníveis. São sobretudo estas mudanças de percepção e tolerância face a essas condutas, e não apenas o aumento da sua frequência, o que aumentou a taxa de criminalidade no mundo"

No que refere ao *offshore* esse "como, quando e porquê" resulta de um movimento em si contraditório:

- Por um lado, a evolução do capitalismo para a sua fase de globalização, a importância político-ideológica do neoliberalismo, a associação privilegiada do conceito de liberdade ao indivíduo e ao livre movimento dos capitais faz com que os *offshores* sejam um instrumento legal fundamental nas últimas décadas.
- Por outro, a estreita associação hoje estabelecida entre as suas actividades de branqueamento de capitais e o terrorismo, os seus

impacts prejudiciais, pelas dificuldades que levanta às investigações criminais, as crescentes debilidades financeiras e orçamentais que provoca nos Estados, tudo isso, e muito mais, faz com que se tenha que reconhecer publicamente os perigo que representam para os povos.

No momento actual essa contradição traduz-se na aceitação da sua legalidade e na condenação dos seus excessos.

1.4. Este texto pretende ser um trabalho científico socialmente orientado, reconhecendo quão os *offshores* são perniciosos e a imperiosidade da sua criminalização.

Porque é científico está aberto ao contraditório, assenta em factos, alicerça as posições e pretende frequentemente conhecer as posições alternativas às que defendemos. Tem de se distanciar das posições publicamente assumidas, distinguindo as declarações políticas e ideológicas das realidades existentes.

É socialmente orientada não só porque "o sonho comanda a vida" (Gedeão, 1983, "pedra filosofial") mas essencialmente porque o estudo crítico dos *offshores*, e das problemáticas correlacionadas, ao longo dos anos mostra quão eles são perniciosos para a generalidade dos homens, logo para a sociedade, para a ética na sociedade contemporânea, para a dignidade humana. Mais, é um elemento constitutivo de uma sociedade capitalista mais desigual e arredada do desenvolvimento.

Assumimo-lo, pessoalmente, desde o início. Não como um *a priori* mas como um *a posteriori* do estudo objectivo do tema. Também as perguntas do colectivo com quem este texto foi sendo debatido, reflectiam o mesmo tipo de preocupações gerais, embora manifestando ainda a necessidade de saber mais sobre o assunto.

1.5. Quanto à estrutura há pouco a dizer. As perguntas foram surgindo, ora numa listagem lógica inicial ora como insuficiência do que foi respondido em determinado momento. Depois foram colocadas no local que nos pareceu mais adequado para garantir a sequência do raciocínio. Finalmente dividimos os grupos de perguntas por grandes capítulos, embora as questões continuem a ser o referencial.

O anexo é um sobrevoo muitíssimo breve sobre algumas pistas para informações sobre as actividades dos *offshores* que foram conhecidas e que funcionaram como momentos de grande sobressalto da opinião pública, sobressaindo o magnífico trabalho que tem sido realizado nos últimos anos pela ICIJ (*International Consortium of Investigative Journalists*). Informação do que tem sido divulgado, desafio para o que no futuro pode ser cientificamente reanalisado.

1.5. As últimas palavras introdutórias são de agradecimento ao grupo de estudo da UPP pelo desafio lançado, pela confiança transmitida e pelo reconhecimento dos comentários, críticas, sugestões e desafios lançados por António Laundes, Avelino Gonçalves, Hermínia Silva, José Machado de Castro e Victor Ranita

São também de agradecimento aos colegas que no OBEGEF (com uma grande diversidade de especializações e formações, de tempos disponíveis e de ocupações profissionais) se têm empenhado e articulado para fazer crescer uma organização que trabalha com a esperança de contribuir para uma sociedade mais ética, com menos fraude. Tem sido nesse caldo de preocupações e desafios que muito temos aprendido e engrandecido cientificamente

Para terminar, um profundíssimo agradecimento à minha companheira e esposa Fernanda Correia pelo apoio dado ao longo de toda uma vida em que investigar e escrever ocupou, e ocupa, um espaço importante da vida em conjunto e pela eficiência revelada na revisão dos textos e no lançamento de avisos sobre o seu conteúdo.

2. ENUNCIAÇÃO INICIAL

2.1. É com todo o prazer que aceitamos a incumbência de orientar a nossa conversa de esclarecimento mútuo sobre o que são os territórios frequentemente designados por *offshores*. Certamente muito haverá a dizer, mas só estamos aqui para transmitir o que sabemos, em resposta às vossas solicitações, às vossas dúvidas, às vossas inquietações.

Por isso sugerimos que prossigamos da seguinte forma:

1. Para introduzir a temática diremos algumas palavras iniciais que visam descrever algumas práticas que envolvem os *offshores* em diferentes situações.
2. A partir daí a nossa função é, dentro dos nossos conhecimentos e capacidades, responder às perguntas que colocarem. Por outras palavras, são vocês que orientarão o conteúdo deste conjunto de palestras, aproveitando os desafios para estudar o que desconhecemos, para também aprendermos.

É de adivinhar, pela personalidade de muitos dos presentes, que estarão mais interessados em debater políticas para superar as dificuldades – sejamos brandos terminologicamente nesta fase do diálogo – que os *offshores* levantam do que para analisar detalhadamente essa realidade. Se tal pode ser socialmente legitimado, carece de uma forte incongruência, pois só seremos capazes de propor políticas adequadas se conhecermos

OS *OFFSHORES* DO NOSSO QUOTIDIANO

profundamente a realidade, não apenas no sentido de a descrevermos mas também, essencialmente, de a interpretarmos, de sabermos estabelecer as conexões entre os fenómenos perceptíveis e as associações lógicas que lhes dão sentido. Assim, propomos desde já que antes de começarmos o debate formulemos todas as perguntas iniciais, que já vagueiam pela nossa mente, e as ordenemos. As pergunta que surgirem mais tarde – pois cada certeza também amplia o que desconhecemos –, não são problema. Basta que na passagem do debate a escrito as tentemos colocar no sítio certo.

Todos de acordo? Avancemos, pois.

2.2. Gostávamos de descrever algumas situações de iniciativa privada que envolvem *offshores*, para percebermos melhor a sua utilização.

Primeira situação. Dois cidadãos do país europeu *A* decidem montar uma empresa de importação e exportação para actuar nos países africanos. Uma das suas dúvidas é a localização da sede da empresa. No país *A* parece inapropriado por duas razões objectivas: muito pouco tempo passarão na Europa, viajando sistematicamente pela África Subsariana; muitas das suas actividades arriscam-se a ter dupla tributação, pois os países africanos e o país *A* raramente possuem acordos para a evitar. Reconhecem que o melhor seria estabelecerem a sede num país africano, mas a instabilidade político--social, a burocracia para montar uma empresa, a falta de infra-estruturas e aspectos similares são dificuldades. A decisão foi tomada e optáram por Seychelles. Até é um local agradável para passar férias, que certamente irão precisar. Uma pesquisa no Google reforça as suas intenções: têm a empresa constituída no máximo de dois dias, há confidencialidade total (embora esse aspecto lhe seja secundário, bastando-lhe a privacidade), terão uma conta bancária movimentável por computador e com cartão de crédito. Além disso também garantem que não há impostos de nenhum tipo sobre a empresa. Assim procederam por razões de negócio, mas não pretendem cometer qualquer acto eticamente reprovável e os seus salários como gerentes continuam a ser tributados no país *A* de que eles são cidadãos.

Eles conhecem indivíduos que montaram empresas em *offshores* e depois foram essas empresas que compraram no país *A* a casa, o carro, etc.

o que lhes permite usufruirem de um luxo muito grande sem assumir a propriedade dos bens e os correspondentes encargos de todo o tipo, nomeadamente fiscais, mas eles recusam ter tal comportamento.

Segunda situação. O indivíduo X finalmente assumiu um cargo de chefia que lhe permite eternizar processos administrativos, ter informação privilegiada sobre actividades futuras podendo beneficiar de lucrativas compras e vendas de terrenos, infernizar quem ganhou concursos para realização de obras ou investimentos e não estão disponíveis para aceitar as suas extorsões, enfim para dar um jeitinho para que alguém ganhe um concurso de milhões. Não foi por isso que lutou pelo cargo, a sua preocupação era dar uma vida desafogada à família, mas já que o ocupa porque não usufruir das vantagens que lhe começaram a surgir quase espontaneamente? Aliás, na sua opinião, era uma prática habitual: já o seu antecessor as praticava e os interessados em actividades com a sua instituição já contavam com isso.

Quando recebeu as suas primeiras luvas, cerca de 200.000 euros, não se preocupou muito com as questões de segurança que a sua imagem social deveria exigir. Pareceu-lhe que bastava abrir uma conta num *offshore* onde o segredo bancário fosse bastante grande, eventualmente utilizar essa maquia em operações bolsistas, que ninguém da família registasse alguma mudança de estilo de vida. Para o efeito pareceu-lhe bem a Suíça. Nem ficava longe e era uma região bonita. Claro que resultando de um acto de corrupção[2] não fazia qualquer sentido declarar fiscalmente aquele dinheiro recebido e a colocação na Suíça deveria ser adequadamente realizada.

---

[2] Neste exemplo estamos a considerar um caso hipotético, mas convém referir que a corrupção exige *offshores*, mas que o inverso também é verdade: corromper políticos, corromper funcionários bancários para que não informem as autoridades de determinadas operações, corromper quadros superiores para aceitarem esses esquemas, corromper amigos para chegar a possíveis novos clientes de gestores de fortunas, corromper investigadores criminais para atrasarem ou enviesarem a investigação, etc.

OS *OFFSHORES* DO NOSSO QUOTIDIANO

O livro que estava a ler ensinava-lhe como proceder:

> "para que o dinheiro possa chegar ao abrigo cobiçado do segredo bancário suíço, numa conta bancária não declarada, «os métodos são múltiplos, fáceis e, por vezes, folclóricos», explica-me um dos funcionários da UBS. Há, evidentemente, a tradicional passagem de dinheiro líquido através da fronteira. Pode ser o próprio «cliente» a fazer uma viagem turística um pouco arriscada, mas o banco também pode mandar um especialista que recolha esses fundos na sua residência e assegure esta evasão em dinheiro líquido" (Peillon, 2012, p. 29)

Para montante tão baixo ele próprio se encarregaria do transporte.

Os tempos passaram e as verbas da corrupção continuaram a aumentar. Havia que encontrar formas que lhe garantissem maior segurança. Foi no mesmo livro que encontrou uma sugestão que lhe pareceu oportuna:

> "Um terceiro método, mais indirecto mas mais seguro na dissimulação, consiste em criar (o banco suíço se encarrega disso) uma sociedade fachada [fantasma] num paraíso fiscal e judiciário, como o Panamá ou as Ilhas Virgens. Esta sociedade fantasma, gerida por um homem de palha [testa de ferro] abre uma conta na Suíça para onde envia o rendimento, cedendo os seus direitos sobre ele. (...) Quase todos esses activos transferidos [e não declarados ao fisco do seu país] são, por sua vez, colocados em fundos de investimento, no Luxemburgo, ou em *hedge funds* (fundos muito especulativos) domiciliados nas Ilhas Caimão" (ob. cit., p. 28).

Foi desta forma que então passou a proceder, tendo tido que resolver quem seria o testa de ferro e como o "isolaria" juridicamente, o que não seria muito difícil. É para isso que existem os "amigos" e os facilitadores[3].

---

[3] Referência a uma obra com esse título (Sampaio, 2014):
"Quase todos estes contratos, negócios e direitos adquiridos foram assessorados, intermediados, aconselhados, estruturados, facilitados, pelas principais sociedades de advogados

Terceira situação. O empresário *Y* tem apostado na criação de um grupo económico, espalhando os seus negócios por vários sectores de actividade, ao mesmo tempo que, de quando em vez, opta pela integração vertical. Os negócios têm corrido bem e, embora optando aqui e ali por promover a responsabilidade social da empresa, a sua preocupação fundamental é garantir a máxima rendibilidade. Tem assistido ao longo dos anos recentes a uma tendência para baixar a tributação das empresas e, além disso, procura aproveitar ao máximo as isenções fiscais no seu país – mesmo que para tal tenha que fazer alguma contabilidade criativa. Sabe que "as grandes empresas não toleram pagar impostos [e] aquelas que ainda os pagam consideram-se antiquadas" (s.a., 2013) e embora o seu conglomerado empresarial não se possa comparar a esses grupos com escala mundial, não via razão para não os imitar.

Resolveu, não sem antes consultar uma sociedade de advogados, assim criar

- uma sociedade de gestão do grupo (sgps – sociedade gestora de participações) que passou a ter uma parte relevante do capital social de uma parte das suas empresas (as do sector de actividade *k*), porque este tipo de empresas tem em muitas situações maiores facilidades de obter isenções fiscais ou estabelecer acordos com os governos;
- uma empresa de marketing localizada noutro país, de forma perfeitamente legal e transparente, diga-se em nome da verdade e para não haver más intenções nas vossas mentes;
- várias empresas em *offshores* tendo escolhido para tal vários tipos de *offshores* em função das listas oficiais de alguns países, do seu grau de transparência oficial, utilizando eventualmente alguns testas de ferro ou empresas intermediárias para servir como tampão.

Feito isto, não seria difícil pagar menos impostos: fazendo pagamentos de serviços efectivamente não realizados, manipulando os preços de

que operam em Portugal. As que mais facturam. Produtoras de «contratos para cumprir» em contraste com os «contratos para violar»." (p. 22)

transferência[4], exportando directamente para os seus compradores mas passando a sua facturação por empresas em *offshores*, utilizando as suas empresas no Luxemburgo e Holanda para transferências legais, aproveitando o facto de esse território não constar da lista portuguesa.

Quarta situação. Trata-se de uma organização criminosa transnacional que tem, se assim se pode designar, duas camadas de actividade económica. Na primeira encontram-se as suas actividades ilegais (produção e tráfico de drogas; "destruição" de resíduos tóxicos, tráfico de armamento e mercenários; pirataria, tráfico de seres e órgãos humanos, *phishing* e "cartas da Nigéria", etc.) e na segunda só existem actividades legais (capital em empresas industriais, comerciais e financeiras, algumas recentemente privatizadas, participação em fundos de investimento, etc.). Numa época de brutais dívidas privadas e públicas e, consequentemente, de grande falta de liquidez, a primeira camada fornece-lhe um potencial de negócio legal vastíssimo. No entanto tem de proceder ao branqueamento de capitais (lavagem de dinheiro, numa terminologia por vezes utilizada) dos recursos provenientes da primeira camada.

Não vamos tratar do branqueamento de capitais mas recorde-se alguns aspectos que são importantes para nós[5], até porque é nesse processo que os *offshores* entram veementemente:

- Esta operação envolve três fases: colocação "dos bens, produtos ou capitais que se pretendem branquear no sistema económico-financeiro" (p. 9); circulação, essencialmente dos capitais; finalmente, integração.
- 1ª fase: A colocação

---

[4] Designa-se, dessa forma os preços praticados entre empresas com o mesmo proprietário ou controlo. Como facilmente se compreende eles permitem, via subfacturação e sobrefacturação, enviesarem os resultados económico-financeiros das empresas, e os respectivos impostos. O facto de existirem empresas que têm o mesmo controlo mas aparentemente serem totalmente separadas facilita essa manipulação. Os dados mundiais mostram a importância deste tema: cerca de 60% das empresas internacionais possuem empresas nos *offshores*.

[5] Ver, a este propósito, Braguês (2009)

"é sempre a fase mais crítica para o branqueador por ser aquela em que mais facilmente os fluxos são detectados e mais próxima da origem se encontra. Qualquer acção das autoridades nesta fase tem maior probabilidade de estabelecer a sua ligação com o crime precedente e logo com o criminoso.
Embora potencialmente possam ser exploradas inúmeras possibilidades, apontam-se algumas mais comuns:

- Bancos – Quando se tem grandes somas de numerário e se encontram formas de camuflagem para a sua introdução. Este é um dos sectores com grande vigilância deste fenómeno por imperativos legais.
- Casas de câmbios – Muito utilizadas quer para mudar o carácter do dinheiro, fazendo-se uma pré-colocação, quer porque se obtém um documento de câmbio, e por vezes o dinheiro já "cintado", o que faz levantar menos dúvidas quando da sua colocação nos bancos;
- Sector imobiliário – O investimento em imobiliário apresenta enormes potencialidades de branqueamento, uma vez que, por vezes, até com a desculpa da questão fiscal – cada vez menos usada – se fazem pagamentos de parte de aquisições de imobiliário em "cash".
- Sociedades e empresas em falência – Procuram-se empresas em dificuldades e injecta-se o capital no sistema financeiro através das contas dessas empresas.
- Comércio de bens de elevado valor unitário – Caso de jóias e antiguidades, veículos topo de gama.
- Jogos de fortuna e azar." (p. 12)

- 2ª fase: A circulação
"implicará um conjunto de procedimentos que provoquem grande rotatividade de titularidade dos bens, com vista ao maior afastamento possível entre a sua origem e forma de obtenção, e aquele que finalmente ficará na posse dos mesmos." (...) A dissimulação da origem dos activos é agora efectuada com recurso a processos mais complexos, nomeadamente:

- *Off-shore Banking*
- Empresas Fictícias
- Empresas de fachada "écran"
- Negócios fictícios
- Contabilidade paralela em empresas com actividade regular
- Mistura de activos "sujos" com activos "limpos" dentro de estruturas empresariais regulares – caso do "Carrossel do IVA", de difícil reconstituição." (p. 12/3).

- 3ª fase: A integração
"Completa-se quando os bens ou valores ilícitos surgem com a aparência de lícitos e são usados livremente pelo criminoso, à frente de todos, muitas vezes até com elevada consideração social." (p. 13)

Não será difícil deduzir que nas duas primeiras fases os *offshores* têm um papel fundamental a desempenhar.

2.3. O que pretendemos ilustrar com estes exemplos, é que há uma multiplicidade de razões, para a utilização dos *offshores*. E apresentámos apenas alguns exemplos, Muitos outros poderiam ser apresentados: o do indivíduo que está em processo de divórcio e que quer esconder a sua fortuna; a artista internacionalmente reputada que não quer que os seus fãs saibam onde ela vive; o proprietário que gere falências e pretende encobrir aos credores o seu património, a empresa que pretende manipular contabilisticamente com os preços de transferência; a empresa de jogo *online* (Murphy, 2017), etc.

Alguém recordava que seria difícil pagar aos espiões se não existissem *offshores*. Durante a década anterior à simbólica demolição do muro de Berlim a sua existência também foi justificada pelo apoio que davam à fuga de capitais dos então países socialistas, onde a passagem do socialismo ao capitalismo foi acompanhado de uma constituição de máfias e plutocracias.

Hoje, por vezes, também está associado à falta de confiança no sistema bancário de um determinado país ou à estabilidade de uma certa moeda. Contudo, nestes casos as operações tendem a ser legalmente realizadas.

A lista poderia continuar mas pensamos que é suficiente para termos uma ideia mais precisa sobre a sua utilização[6].

2.4. Dito isto, podemos começar o diálogo. Coloquem perguntas e nós tentaremos, na medida do possível, esclarecer.

---

[6] Uma observação final. Em alguns trabalhos, como, por exemplo, em Vilela (2017), o termo *offshore* é utilizado para designar uma empresa situada numa região que nós designamos por *offshore*. Aproveita-se para referir que este livro é um magnífico trabalho que, entre outras coisas, mostra a sistemática presença dos *offshores* na nossa sociedade.

3. CARACTERIZAÇÃO DOS *OFFSHORES*

3.1. *Offshore* é uma designação vulgar e corrente de um conjunto de realidades muito diversas, mas que têm um conjunto comum de elementos caracterizadores. Podes desenvolver esta ideia?

Não há um terminologia consolidada quer porque as palavras são signos que despertam razões e emoções e os políticos, entre outros, tendem a ser cuidadosos com as designações escolhidas, quer porque há uma grande variedade de realidades habitualmente presentes nos *offshores*, quer ainda porque as actividades típicas de *offshore* se mesclam com comportamentos e instituições comuns a qualquer sociedade. Umas vezes são oficialmente "praça financeira internacional", outras "zona franca", outras ainda o que a imaginação aprouver ou o que designação de uma região ditar. Esta ambiguidade terminológica está na própria generalização do termo *offshore* para designar paraísos fiscais, enquanto, como diz Murphy (2017, p. 72) focando-se no significado linguístico dos termos "paraíso fiscal não é o mesmo que *offshore*. Os paraísos fiscais são lugares reais que podemos identificar, ao passo que «*offshore*» é uma descrição vaga de «outro lugar»"[7]. Mas em todas as situações têm um núcleo comum, essencial e é sobre ele que vamos previamente discorrer.

Duas observações prévias.

---

[7] Esclareceremos melhor esta ideia na resposta a uma pergunta seguinte.

Os *offshores*, apesar de se espalharem por todo o mundo e terem uma importância decisiva nas nossas vidas, assumem-se como uma situação excepcional. Daí localizarem-se num espaço geográfico limitado: podendo ser um país também frequentemente limita-se a um espaço restrito, usufruindo uma autonomia relativa. Sendo o Reino Unido (a "City")[8] um dos principais bastiões dos *offshores*, estes não são o próprio país mas Jersey, Man, Bermudas, Ilhas Virgens Britânicas, as Ilhas Caimão, Gibraltar e outras que se assumem como tal. Casos há, como certamente teremos oportunidade de constatar, que são países mas muito frequentemente são pequenas regiões.

Mas não é a sua espacialidade que lhes confere a condição prévia para que possa ser designado como um *offshore*. Tal reside na sua estabilidade política e social. Sendo um espaço geográfico para onde vão convergir enormes activos de todo o mundo é fundamental que os "investidores" tenham confiança em que a sua riqueza não corre qualquer risco.

Dirão alguns que estes dois aspectos (pequenas regiões dispersas e estabilidade política e social) não são totalmente independentes: um país está sujeito a assumir posições internacionais e entrar em "situações de estabilidade/instabilidade" de que as pequenas regiões poderão estar isentas. Contudo esta relação é uma hipótese de estudo que careceria ser mais analisada[9].

Em primeiro lugar são paraísos fiscais (*tax haven*), isto é, regiões onde os não residentes podem usufruir de impostos mais baixos, ou mesmo nulos. Esta diferença entre o residente e o não residente pode mesmo assumir complicadas situações formais e institucionais como acontece com Londres. Porque a praça financeira de Londres (a «*city*») é um paraíso fiscal há uma série de protocolos a cumprir:

---

[8] Por este termo genérico designa-se o sector dos serviços financeiros britânico que tem um conjunto de regras, formalismos e simbolismos específicos. Para a sua análise aconselha-se Shaxson (2012, Cap. 12). Esse autor considera ainda que um ano chave do que é hoje Londres enquanto *offshore* está fortemente determinado por 1986, ano em que Margaret Thatcher liberaliza os serviços financeiros britânicos.

[9] A este propósito talvez seja interessante estudar os impactos da saída do Reino Unido da União Europeia. Sendo essa uma "instabilidade" bem ampliada pelos meios políticos e informativos, que impactos terá sobre o papel de Jersey ou de Caimão como offshore?

> "Basta dizer que esta relação, anterior à criação daquilo a que podemos chamar a história moderna de Inglaterra, é tão difícil e complexa que a monarca britânica tem de pedir autorização para entrar na *Square Mile* da *City* de Londres, ao passo que ao *Lord Mayor* de Londres (cuja função é completamente distinta da do *Mayor* de Londres) é concedido o estatuto diplomático de um ministro do topo do Governo quando viaja para o estrangeiro (...) A *City* de Londres é um Estado dentro de um Estado." (Murphy, 2017, p. 70/71)

Cada *offshore* tem, neste aspecto as suas especificidades[10] quanto aos impostos visados, quanto aos potenciais beneficiários, quanto às taxas, quanto às características das operações e ao seu formalismo. Mas essa diversidade não exclui aquele traço comum[11].

Mesmo que essa operação seja legal, o que pode acontecer com frequência, há que garantir que não seja fácil conhecer quem investe, como investe, com que designações, etc. Mas, por força de razão, essa opacidade é mais imperiosa quando estamos perante operações que em si, ou a jusante ou a montante, contêm declaradas ilegalidades (ex. droga ou terrorismo). Ser um paraíso fiscal exige que esses espaços sejam também jurisdições de sigilo. Tal significa, pelo menos, "forte segredo bancário [e] forte segredo profissional" (Ducouloux-Favard, 2010, p. 25). Os matizes deste secretismo, tal como em relação às restantes características variam, formalmente e de facto, conforme o *offshore*.

As duas características anteriores exigem grande rapidez de procedimentos. No limite existem alguns *offshores* que se especializaram em dispersar a riqueza por outras regiões do mundo quando há a mínima investigação policial sobre o seu proprietário. Tem de se poder constituir empresas rapidamente, sem fiscalizações e regulações, mesmo que o seu

---

[10] Hoje há, da parte de muitos países, esquemas de baixa de impostos para estrangeiros, o que torna, por vezes difícil distinguir o que é, e o que não é, um paraíso fiscal.

[11] Um apontamento complementar. Muitas vezes uma determinada região tem uma taxa de imposto oficialmente elevada, mas depois há mecanismos que a permitem reduzir para não residentes (ex. acordos entre o Governo e empresas com determinadas características).

OS *OFFSHORES* DO NOSSO QUOTIDIANO

suporte físico não passe de uma morada sem condições operacionais ou de uma simples caixa de correio. A quase totalidade das empresas constituídas não produz nada, não necessita de espaço físico. Exige-se também a presença local de instituições conhecedoras das possíveis especificidades dos diversos *offshores* e da articulação entre eles e deles com os diversos países, que dominem integralmente o *modus operandi* naquele *offshore*, que permitam articular a gestão local com a gestão mundial. Logo bancos, consultores financeiros, sociedades de advogados, solicitadores e gestores de fortunas abundam, com dimensão local ou internacional. A existência de um "centro financeiro" impõe-se!

Em tudo o que dissemos está implícito que há "liberdade de movimento de capitais e sua rapidez" (Ducouloux-Favard, 2010, p. 25)[12]. Hoje, em período de globalização, quase poderíamos dispensar esta referência porque essa circulação do capital sem restrições está presente em quase todas as situações, faz parte da forma assumida pelo capitalismo contemporâneo. Contudo nem sempre foi assim, mas sempre existiu nos *offshores* essa circulação do capital sem restrições.

Escusado será dizer que também quanto a estas características dos *offshores* há várias diferenças entre eles.

As especificidades de cada um ou, por outras palavras,

> "Devido a esta multiplicidade de usos torna-se difícil perceber quando estamos perante um *offshore*. De acordo com o FMI (2000), um centro financeiro *offshore* pode ser definido como "Jurisdictions that have relatively large numbers of financial institutions engaged primarily in business with non-residents" ou então como "Financial

---

[12] Um pouco marginalmente chamaríamos a atenção para este conceito que hoje faz parte da nossa linguagem corrente: "liberdade de movimento de capitais" ou "livre circulação de capitais" ou algo similar. Todos nós amamos a "liberdade". É uma palavra que desperta fortes emoções que apelam à nossa simpatia. Com a repetição e correspondente diminuição da atenção e da nossa capacidade crítica essa evidência emocional enfraquece, mas continua a existir. Contudo a realidade objectiva é contrária à evidência: a "liberdade de circulação do capital" é fortemente restritiva da nossa liberdade colectiva. Por isso defendemos que se utilize outras formulações que evitem a utilização da palavra "liberdade" ou conceitos derivados. Preferimos "circulação de capitais sem restrições".

3. CARACTERIZAÇÃO DOS *OFFSHORES*

systems with external assets and liabilities out of proportion to domestic financial intermediation designed to finance domestic economies". Estas definições conduzem-nos a uma lista de territórios que são mundialmente considerados como centros financeiros *offshore.*" (B. M. T. Ferreira & Pereira, 2017, p. 3)[13]

Assim, por exemplo, a Suíça é essencialmente atractiva pelo sigilo bancário, não tendo significativas vantagens comparativas em relação às taxas fiscais[14]. Contudo esta diferença não impede que seja considerada como um *offshore*. Outro exemplo de diferenças: apenas algumas jurisdições permitem a «bandeira de conveniência», isto é, o registo de barcos que são de outros países. Outro exemplo: o Principado do Liechtenstein, com a mesma moeda da Suíça, é em grande medida um prolongamento das operações da banca deste país mas com a grande vantagem do Liechtenstein Landesbank (em que o príncipe-soberano é sócio maioritário) poder funcionar como veículo de cooperação entre vários paraísos fiscais.

Por outras palavras, perante a diversidade de situações[15], o que nos permite designar como *offshore* é a sua função na rede mundial de *offshores*, paraísos fiscais, jurisdições de sigilo, paraísos judiciais. Mesmo admitindo alguma concorrência entre *offshores* estes funcionam em rede e a importância de cada um depende da sua relevância nessa rede:

> "Em 1986, quando comecei a trabalhar no sector financeiro *offshore* em Jersey, recebi as seguintes instruções: "John, quando criar uma estrutura para um cliente, não comece com uma conta bancária na Suíça; esse é o último passo. Primeiro, cria-se um fundo *offshore* ao abrigo da legislação de Jersey ou noutro lugar qualquer. Ninguém saberá da sua existência a não ser o fundador, os administradores, e os beneficiários que recebem pagamentos daquele. Esse fundo será proprietário de uma empresa *offshore* registada nas Ilhas Virgens

---

[13] Retomaremos este assunto numa outra pergunta.
[14] Pelo menos assim parece!
[15] Para a consulta, parcial, desta diversidade consultar o *site* World.tax, localizado em Chipre: https://www.world.tax/

Britânicas, que por sua vez será proprietária de outra empresa *offshore* noutro local como o Luxemburgo. É a empresa no Luxemburgo que irá abrir e controlar a conta bancária na Suíça." Esta é a realidade de como as estruturas *offshore* são criadas e, em muitos casos, os advogados e contabilistas que criaram essas estruturas encarregar-se-ão de as realizar cobrindo mais de cinco jurisdições, de modo a tornar a identificação dos verdadeiros proprietários por parte de agências de investigação o mais difícil possível. (John Christensen em Pimenta (Org.), Maia (Org.), Teixeira (Org), & Moreira (Org.), 2014, pp. 67-68)

Diversas entidades são criadas num *offshore* para controlar outras entidades noutras jurisdições, reforçando assim a opacidade e o secretismo. Dispõem os negócios «em camadas» (*layering*).[16]

Para terminar esta descrição, entrando em considerações sobre as consequências que certamente abordaremos oportunamente, diria

"A globalização dos paraísos fiscais é um império mais vasto do que a Roma antiga. É um sistema ultrajante que santifica a corrupção e explora os mais pobres de entre os pobres. Muitos empresários, banqueiros e governantes são arrastados para este vício escravizante do dinheiro fácil. (...) Numa carta enviada aos accionistas, Warren Buffett, considerado o terceiro homem mais rico do mundo, (...) escreve: «quando chove ouro procuramos um balde e não um dedal»" (Martins, 2010, pp. 144-145)[17]

---

[16] Em Vilela (2017), a propósito de um gestor de fortunas associado à UBS, há uma referência interessante: "eram abertas [na Suíça] no mínimo, duas sociedades por cliente, uma para a conta de passagem (quando o dinheiro ia e vinha de Portugal) que era a conta A, e uma outra, a conta B, o destino final. Havia assim uma dupla discrição e só entregávamos os extractos das contas aos clientes quando falávamos pessoalmente com eles, na Suíça" (p. 279)

[17] A referência a este livro justifica dois apontamentos adicionais: (1) Para além de ser um dos poucos publicados originalmente em português sobre esta temática, a referência a casos portugueses torna-o de leitura quase obrigatória; (2) As páginas indicadas referem-se à primeira edição, livro que possuímos; há uma segunda edição com a descrição de novos casos.

3.2. Percebemos as eventuais designações "paraíso fiscal", "paraíso fiscal e judiciário" e "jurisdição de sigilo", mas temos dificuldade em perceber a designação que se generalizou: "*offshore*". Porquê?

Não é fácil respondermo-vos. Tantas são as explicações que já encontrámos.

Mas comecemos pela palavra. Pelo que posso concluir da consulta de vários dicionários de inglês de diferentes épocas históricas, passou-se de "off-shore" para "*offshore*". Nos dicionários de inglês é quase sempre indicado como um adjectivo (ou advérbio), indicando essencialmente "no mar, próximo da costa". Num dicionário recente é-lhe atribuído, ainda como adjectivo, um significado diferente: "*Made, situated, or registered abroad, especially in order to take advantage of lower taxes or costs or less stringent regulation.*" ou "*of or derived from a foreign country.*"[18] Neste sentido já se aproxima da utilização que temos estado a dar, mas sempre como adjectivo (feminino, diga-se). Faz sentido, falar em "*offshore accounts*", "*offshore market*", "*offshore world*" ou "*offshore economy*", mas não em "*offshore*".

Em português "*offshore*" é ainda uma palavra ausente de muitos dicionários (antigos e modernos) mas é um estrangeirismo que assume crescentemente lugar na nossa linguagem. Quando aparece figura como adjectivo ou nome e, neste caso, na Economia significa "zona financeira que não está sujeita à legislação fiscal do país de que faz parte" ou "zona franca fiscal"[19]. Enquanto adjectivo é igual no masculino e no feminino, no singular e no plural; enquanto nome é masculino, o que é corroborado por outros dicionários, e o plural é diferente do singular.

Feito este prolegómeno linguístico vamos à questão perguntada: qual é a característica dos paraísos fiscais que permitiu esta generalização do termo *offshore* fora do seu significado etimológico? Já encontramos várias explicações, sendo as mais correntes, duas: muitos dos paraísos fiscais são em ilhas; esses mercados estão numa região mas é como se não estivessem

---

[18] Oxford Living Dictionaries, em linha (consultado em 28/02/2017)
[19] *offshore* in Dicionário infopédia da Língua Portuguesa com Acordo Ortográfico [em linha]. Porto: Porto Editora, 2003-2017. [consult. 2017-02-28]. Disponível na Internet: https://www.infopedia.pt/dicionarios/lingua-portuguesa/offshore

porque neles não se aplicam as leis que legislam os cidadãos aí residentes. Parece-nos que este segundo significado é o mais adequado:

> "Tais transacções são *"offshore"* - ou seja, ocorrem em espaços legais que desvinculam a localização real das transacções económicas da localização legal e, portanto, removem a responsabilidade tributária da transacção do lugar onde ela realmente ocorreu." (Palan, 2009, p. 2)

Historicamente o termo já é antigo:

> "Ronen Palan (...) sugere (...) que a ideia nasceu em Londres. (...) Em Setembro de 1957, no rescaldo da crise do Suez, o Banco de Inglaterra decidiu que disponibilizaria esse espaço [para a circulação de capitais especulativos]. Efetivamente, afirmou que, se um banco do Reino Unido registasse uma transacção entre duas partes em que nenhuma estivesse sedeada no seu território, considerava-se que essa transacção teria tido lugar «fora do território». *offshore*, estando assim fora da esfera da regulamentação do Reino Unido. Num piscar de olhos, fora conjurado todo um mundo novo" (Murphy, 2017, p. 69/70)

3.3. Só recentemente começámos a ouvir falar mais frequentemente de *offshores*. Pelo menos comigo aconteceu isso. Desde quando é que existem?

Espontaneamente admitimos que tudo tem um princípio. Talvez possa não ser assim, mas estas considerações não vêm a propósito da vossa pergunta. Peguemos então nesta para tentarmos fazer uma incursão histórica sobre os *offshores*.

Limpemos o terreno antes de pegarmos seriamente no problema.

Partindo da ideia de que o principal dos *offshores* é a fuga ao pagamento dos impostos, há quem afirme que eles começaram desde que existem

3. CARACTERIZAÇÃO DOS *OFFSHORES*

impostos. Esta ideia é um absurdo porque não estamos a falar de iniciativas individuais mas de uma instituição com uma organização própria. É também um absurdo porque os *offshores* são uma mescla de características e a própria fuga aos impostos, por essa via – que obviamente não é a única – tem a ver com a estrutura e organização da sociedade e com a desigual possibilidade de tal comportamento. É ainda um absurdo porque por "imposto" designamos realidades sociais e burocráticas muito distintas ao longo dos séculos e milénios.

Aceitando que os *offshores* são uma instituição social, vários autores procuram encontrar no passado situações formalmente semelhantes, embora reconheçam frequentemente que a realidade hoje é bastante diferente. Tomemos dois exemplos:

> "Na Grécia Antiga as pequenas ilhas vizinhas de Atenas, situadas entre o Mar Egeu e o Mar de Creta, transformaram-se em refúgios para os mercadores que preferiam fazer um desvio de 20 milhas para armazenar as mercadorias em portos isentos de direitos aduaneiros do que pagar um imposto de 2% exigido pela capital helénica aos bens importados" (Martins, 2010, p. 10).

> "Os senadores romanos impedidos, pela *Lex Claudia* de 218 ac., de investir no muito lucrativo comércio de longa distância foram certamente dos primeiros utilizadores das sociedades écran destinadas a dissimular a sua identidade" (Chavagneux & Palan, 2017, p. 25)

Dois exemplos de entre muitos outros na sociedade chinesa ou hindu, na Europa medieval ou nas colónias inglesas nas Américas, antes da independência dos EUA.

Não há dúvida que encontramos algumas semelhanças mas demasiado localizadas e carecendo de organicidade: tem essencialmente a ver com o comércio e o imposto aduaneiro, trata-se de situações pontuais, a cidadania e o Estado são radicalmente diferentes da actualidade, a moeda era essencialmente de metal, as possibilidades de operações financeiras eram muito reduzidas, os impactos de tais operações era geográfica e economicamente

OS *OFFSHORES* DO NOSSO QUOTIDIANO

limitadas, o secretismo estava ausente e provavelmente não fazia sentido, etc.

Temos que nos situar no capitalismo para podermos fazer comparações com a situação actual, onde a divisão social do trabalho é muito grande, onde um acontecimento local pode ter um impacto afastado, onde a moeda evolui progressivamente para a desmaterialização e uma forte interligação entre as moedas bancária e nacional (e internacional), onde as actividades económicas passam a assumir uma autonomia e a disputar um espaço relevante na correlação de forças social nacional e internacional.

A história dos *offshores* encontra-se numa certa fase específica do capitalismo: quando há um conflito de poderes, para imporem a sua vontade e dominarem, entre a soberania política dos Estados e a capacidade económica do capital internacional. Tal pressupõe "a separação nítida do mundo em Estados-nação como hoje os conhecemos (...) [e] o desenvolvimento duma mundialização económica" (Chavagneux & Palan, 2017, p. 26)[20], mesmo que mais limitada que a existente hoje.

Podemos situar nos finais do século XIX o aparecimento dessas características, confirmado pela universalidade das crises económicas, pelo fim definitivo do "capitalismo de livre concorrência" e o aparecimento das primeiras multinacionais[21]. Contudo os processos condutores aos *offshores* e à sua evolução são diversos e frequentemente sem uma lógica teleológica de criar o que hoje designamos por *offshores*.

Analisemos alguns deles:

(A) *Influência americana*

A partir de 1846 os EUA aumentaram o controlo sobre as empresas exigindo toda uma série de registos. Alguns anos mais tarde New Jersey

---

[20] Na análise histórica seguinte seguimos de perto a obra aqui referenciada e mais duas: Palan (2009); Shaxson (2012).

[21] Block and Griffin (2002, p. 381) refere que "em 1937, o Presidente Franklin Delano Roosevelt recebeu um relatório alarmante do secretário do Tesouro, Henry Morgenthau Jr., sobre a evasão fiscal. Morgenthau listou os principais e sem precedentes dispositivos utilizados para superar o imposto sobre o rendimento, incluindo a criação de «*holdings* detidas por estrangeiros nas Bahamas, Panamá, Terra Nova e outros lugares onde os impostos são inferiores e as leis sobre as sociedades são negligentes"

primeiro e Delaware depois resolveram, com sucesso, atrair para os seus territórios muitas empresas concedendo facilidades de instalação e benefícios fiscais. Inventavam, assim, a técnica de atrair empresas não residentes através de um ambiente regulatório menos exigente e condições fiscais mais atractivas.

Neste processo a acção dos advogados foi proeminente.

(B) *A jurisprudência inglesa*

> "A Grã-Bretanha foi o primeiro país a introduzir um imposto global sobre os rendimentos, aplicável a todos residentes do Reino Unido e abrangendo todos os rendimentos mundiais. No caso das sociedades os juízes decidiram que por «país residente» dever-se-ia entender o país em que o seu conselho de administração da sociedade toma as decisões mais importantes" (Shaxson, 2012, p. 57)

A "linearidade" da decisão era sistematicamente assumida, como em 1906, no caso da empresa de diamantes De Beers registada e actuando na África do Sul. Esta questão levantou várias vezes dúvidas: a) havia empresas inglesas que estavam de facto estabelecidas noutros países e aí tinham a sua actividade produtiva e o seu comércio; b) algumas empresas com sede no Reino Unido e com negócios em vários países eram, dessa forma, sujeitas a dupla tributação.

Contudo aquela decisão abria as portas à situação inversa: uma empresa do Reino Unido com o Conselho de Administração actuando num outro país podia estar livre deste imposto. "As multinacionais britânicas compreenderam que precisavam de reagir" (Chavagneux & Palan, 2017, p. 31). Em 1929 os juízes decidem que

> "na medida que uma empresa possa justificar uma direcção instalada fora do Reino Unido, os seus rendimentos provenientes do estrangeiro são isentos de imposto, mesmo que resultem de actividades realizadas por residentes britânicos" (Idem)

OS *OFFSHORES* DO NOSSO QUOTIDIANO

Estava aberta a possibilidade de manobras de deslocação das empresas por razões fiscais tendo como alvo o país então mais poderoso do mundo capitalista.

(C) *A banca suíça*

A posição geográfica da Suíça, junto a um conjunto de países politica e economicamente poderosos, fez com que ela garantisse uma neutralidade que a salvaguardava, e fosse historicamente um espaço de colocação de riqueza por parte de franceses, alemães, austríacos e italianos, essencialmente. Já quando da Revolução Francesa foi o refúgio da nobreza do país vizinho.

Desde o início do passado século assumiu uma política de atractividade para a riqueza existente nos outros países, em grande parte coroada de êxito. Contudo a crise de 1929 veio quebrar a sua prosperidade, o que pode ser considerado a causa da adopção legal de regras que lhe eram há muito habituais:

> "A lei suíça adoptada finalmente em 1934, muito semelhante ao projecto original, garante pela primeira vez que a violação do segredo bancário é uma infracção penal passiva de multa e de pena de prisão" (Shaxson, 2012, p. 73).

Utilizando uma terminologia moderna o segredo bancário e profissional transformou-se no principal veículo da competitividade internacional, confirmada pela sua neutralidade durante o período da Segunda Guerra Mundial.

A adopção do franco suíço pelo Liechtenstein em 1924 como moeda nacional veio reforçar a articulação entre aquele velho principado autónomo e a Suíça nas operações financeiras internacionais[22].

---

[22] A estes aspectos associam-se outros concomitantes. Dois exemplos: se os servidores informáticos estiverem na Suíça é inviável, pelo menos para um país estrangeiro, ter acesso ao seu conteúdo; pela lei Suíça se as autoridades deste país receberem uma carta de entidades oficiais de outro país pedindo informações sobre uma pessoa ou empresa esta é notificada de tal.

3. CARACTERIZAÇÃO DOS *OFFSHORES*

(D) *Mercado de eurodólares e o fim das colónias*

Os Acordos de Bretton Woods, consagrados em 1944, marcaram decisivamente o funcionamento da economia capitalista após a segunda guerra mundial, num contexto de hegemonia dos EUA, poupados da devastação da guerra, com uma base sólida de crescimento e com reservas de ouro significativas, pelo menos comparativamente com outros países. Na continuidade de uma tendência que se manifestou claramente entre a primeira e a segunda Guerras Mundiais, o dólar assume-se como a moeda de referência para os pagamentos internacionais. No comércio internacional os preços passam a ser fixados em dólares. Experienciada a instabilidade cambial anterior, com os referidos acordos regressa-se aos câmbios fixos, com uma margem de variação de 1% em relação ao dólar americano, o qual mantém a sua relação com o ouro: 35 dólares por uma onça de ouro.

Os Acordos marcaram a vida posterior da economia mundial, mesmo depois de em 1971 ter sido decretado o fim da convertibilidade do dólar em ouro. O que nos importa aqui destacar é o papel internacional do dólar numa época em que as outras moedas deixaram de ser convertíveis[23].

Sendo o dólar a moeda de referência, preferencialmente utilizada nos pagamentos internacionais, sendo os depósitos nos bancos moeda bancária, havendo já uma hierarquização do sistema bancário que garantia a automática convertibilidade da moeda bancária em moeda nacional, era perfeitamente natural que passasse a haver depósitos em dólares fora dos EUA e que os créditos gerassem novos dólares fora de qualquer controlo daquele país. A importância económica da Europa, o Plano Marshall e as trocas comerciais e financeiras entre as duas regiões deram lugar a grandes massas do que se passou a designar por eurodólares.

A tradicional importância dos mercados financeiros de Londres funcionava como um centro de gravidade espontâneo para tornar aquela cidade a

---

[23] Como mera curiosidade refira-se que por vezes a convertibilidade estava legislativamente consagrada mas não funcionava. Em Portugal quando Salazar assume o poder decreta a convertibilidade em ouro das notas em circulação mas, quase após essa declaração legal, suspende por despacho a sua execução temporariamente, sucessivamente prolongado até ao 25 de Abril de 1974. Por isso as notas em circulação tinham escrito, por baixo do seu valor, "ouro", embora, de facto, não fossem convertíveis.

OS *OFFSHORES* DO NOSSO QUOTIDIANO

capital das operações em eurodólares. A redução drástica do domínio territorial mundial em resultado da descolonização reforçou a vontade política de aproveitar ao máximo essa centralidade financeira, com aproveitamento de territórios da Commonwealth. As facilidades, nomeadamente fiscais, concedidas às empresas estrangeiras a operar em Londres reforçaram os alicerces para a existência de uma rede de *offshores*.

Resumindo:

> "Os mercados de eurodólares não resultaram de um plano previamente estabelecido, mas desenvolveram-se segundo a sua própria lógica, tornando-se rapidamente actores incontornáveis da economia mundial. No entanto, nos anos 1960 apareceu um novo actor cujo nascimento foi concertado: uma rede de paraísos fiscais centrada em Londres, disseminados pelo planeta, que iria oferecer aos capitais estrangeiros refúgios secretos com baixa fiscalidade e uma débil regulamentação. O dinheiro sujo, entre outros, poderia ser gerido pela *City*, conservado suficientemente longe de Londres para evitar à Grã-Bretanha ser estigmatizada" (Shaxson, 2012, p. 135)

(E) *Crise do fordismo e o neoliberalismo*

O "fordismo" é uma designação do capitalismo de produção massiva com altas produtividades associada a um aumento do nível de vida das populações, que permite um escoamento da produção. Pode-se considerar um período de habitualmente designado de Estado-Providência. Durante a fase do "fordismo" nos países centrais do capitalismo os tentáculos dos *offshores* estão criados, mas é com a passagem do domínio do capital industrial para o capital financeiro, com a crescente subordinação dos Estados à "vontade dos mercados", com a declaração política do descrédito político-institucional do keynesianismo, que se caminha progressivamente para o neoliberalismo e um aumento da importância dos *offshores* à escala mundial.

Em síntese:

- A realidade hoje existente, em que os *offshores* têm uma importância decisiva na economia mundial, é o resultado de vários nascimentos, de acções e preocupações diferentes de países e instituições diversificadas mas que têm um sentido único: um aumento do poder do grande capital e a subordinação do Estado-nação a esse domínio. Há uma "aparente comercialização da soberania do Estado (...) [e] essa comercialização está associada aos paraísos fiscais" (Palan, 2002, p. 152)[24].

- Se é de admitir que ninguém gosta de pagar impostos, mesmo que os reconheça justos, a institucionalização e generalização dos offshores está muito relacionada com uma nova fase da nossa sociedade:

  "A gigantesca situação de evasão fiscal durava certamente há muitos anos [em Portugal], mas terá sido nos anos 90 do século passado que os esquemas de fraude se tornaram bem mais complexos e profissionais. Na prática, os novos circuitos internacionais de fuga aos impostos, montados a conselho de especialistas com ligações a bancos (...) estavam associados também a inúmeras fortunas pessoais escondidas num gigantesco cofre-forte" (...) E, desta vez, os criminosos tinham um novo rosto: tratavam-se sobretudo de donos de prósperas empresas (...) que fugiam ao fisco com a preciosa ajuda de entidades-fantasma e *offshores* criados por consultoras" (Vilela, 2017, p. 17)[25]

---

[24] Nesta relação conflituosa pelo poder as consequências são óbvias: menor capacidade de decisão do Estado-nação. Aquela desencadeia três tendências fundamentais: reestruturação do Estado de forma a melhor servir quem tem o poder económico, que passa frequentemente pelo seu enfraquecimento e deterioração material da democracia; reforço do neofideísmo no mercado, característica fundamental do neoliberalismo; falha da democracia ou mesmo a sua renúncia.

[25] Esta análise é para Portugal, mas cremos que pode ser generalizada.

OS *OFFSHORES* DO NOSSO QUOTIDIANO

- A crise e a depressão, que continuamos a viver, não alteraram o rumo anteriormente referido apesar das múltiplas declarações em sentido inverso.

3.4. Sugeríamos que atendêssemos mais no pormenor e víssemos como é que uma região se pode constituir como *offshore* e, talvez antes disso, porque o fazem.

Responder a esta pergunta exigiria corrermos todos os *offshores* e fazermos a sua história. Já vimos que o aparecimento deste tipo de instituições é multipolar, é o resultado de uma grande diversidade de razões. Mais serão se considerarmos cada região. Mas façamos algumas referências pontuais.

Se considerarmos o sistema financeiro inglês em nenhum momento eles afirmam categoricamente que são um refúgio para a fraude fiscal ou para o crime organizado. A sua importância resulta da sua história de importantíssimo centro financeiro internacional, de ter considerado que não têm nada a ver com as questões fiscais das instituições, cujas sedes estão no estrangeiro, a que acrescentam a importância da tradição no sistema institucional e legal britânico, o que lhe permite manter um conjunto de procedimentos que pouco se coadunam com a lei geral do país.

Se considerarmos a Alemanha (mais precisamente alguns centros financeiros como Frankfurt) ou Luxemburgo foram os seus papeis na reciclagem dos petrodólares que reforçou as suas posições e quase automaticamente abriram-se as portas a outro tipo de negócios rentáveis para os intervenientes. Como cita a TJN a propósito desse offshore:

"O Deutsche e outros bancos alemães envolveram-se fortemente nos negócios com petrodólares durante e após a crise do petróleo da OPEP, tornando-se potências financeiras globais, espalhando suas actividades em todo o mundo e, à medida que cresciam em força, pressionavam para que se reforçasse a liberalização financeira. Por sua vez, este mundo dos negócios ajudou a atrair bancos

3. CARACTERIZAÇÃO DOS *OFFSHORES*

globais. Em meados da década de 1980, 40 dos 50 maiores bancos do mundo tinham presença em Frankfurt e quatro quintos dos bancos estrangeiros na Alemanha escolheram Frankfurt como base."

Por outras palavras a Alemanha como praça financeira *offshore* é a síntese da existência de uma forte rede bancária internacional, da capacidade de manobra dessas instituições, do neoliberalismo reinante nas últimas décadas. Não foi o país, contrariamente a outras situações internacionais, que decidiu criar um *offshore*, mas as instituições financeiras globalizadas que o montaram, pois era um negócio lucrativo, com a complacência política do Estado, aproveitando eventualmente o facto de ser uma república federal.

Propomo-vos um exercício, pouco pedagógico mas elucidativo. Se forem à Internet encontram anúncios de várias empresas que se apresentam como especializadas no negócio global em que se anuncia que "a sua privacidade é a nossa principal prioridade". Aí encontramos uma listagem dos critérios para escolher uma ou outra região: "anonimato", isto é, sigilo garantido, a necessidade (ou não) de ter contabilidade, os impostos a pagar nas suas actividades, a legislação aplicável, as condições para montar um negócio medido em custos e dias necessários, o número mínimo de accionistas e directores e o anonimato existente sobre eles. Depois acrescentam-se outras questões avulsas como formas de movimentação das contas bancárias, necessidade ou não de se deslocar ao território, custos nas operações bancárias, etc. Creio que a partir daí, se a esses dados se juntarem o posicionamento internacional da região no mundo dos negócios e a estabilidade política, facilmente perceberão a diversidade de vias para se constituírem *offshores*.

Mas há ainda duas outras situações a referir. Há regiões que aparentemente não são paraísos fiscais, mas depois são-no porque é sabido que determinado tipo de empresas ou investidores conseguem negociar acordos especiais e têm um enorme conjunto de regalias[26]. Há outras que

---

[26] É o caso, por exemplo, do Luxemburgo. Os vistos dourados em diversos países são uma aproximação elucidativa.

OS *OFFSHORES* DO NOSSO QUOTIDIANO

decidem constituírem-se como "centros de negócios". Embora tratemos especificamente, mais adiante da Madeira, tomemos o documento inicial de constituição (Decreto-Lei nº 500/80) como referência. Apesar de bastante lacónico, no preâmbulo utilizam-se duas ideias fortes: aposta-se no desenvolvimento e chama-se a atenção para as boas características da Madeira[27]:

> "A criação de uma zona franca na Região Autónoma da Madeira constitui uma velha aspiração dos Madeirenses, consubstanciada em numerosas intervenções dos órgãos do Governo próprio da Região, que mais não são do que a repercussão do sentir das populações.
> É forçoso reconhecer-se a especial situação geo-estratégica da Madeira, em que se aliam características bem específicas de certo tipo de economia, conjugados com uma peculiar configuração sócio--política, que reclamam a necessidade de implementação de uma zona franca, cujo aspecto fulcral se projectará no aparecimento de novos sectores Industriais[28] voltados para o desenvolvimento económico e social da Região."

A estes argumentos jurídicos comuns a muitos *offshores* há eventualmente que adicionar outros mais pessoais: a proximidade ao poder económico mundial, a possibilidade de promoção pessoal e, porque não, de corrupção.

---

[27] Ainda hoje estes são os eixos fundamentais da argumentação constante no *site,* acrescentando-se um outro aspecto: ser parte integrante da União Europeia.

[28] Algumas considerações gerais, não aplicáveis especificamente à Madeira. Os sectores produtivos são decisivos para o desenvolvimento local. Muitas vezes quase espontaneamente se associa capital estrangeiro a investimento em sectores produtivos, mas tal ligação pode esquecer outras vertentes do problema: para muitos sectores produtivos a localização é muito importante; nem todo o investimento é produtivo; na fase de globalização o peso do sector financeiro improdutivo ampliou-se imenso. Por outras palavras, a frequente referência ao investimento produtivo ou é uma intenção, eventualmente vã, que se espera alcançar ou discurso ideológico para enganar incautos.

Sobre os resultados obtidos pelos *offshores* quanto ao desenvolvimento creio que cada caso é um caso dependendo da época em que foi constituído, do contexto internacional da região, da importância relativa que assumem as actividades industriais e financeiras, da sua utilização para produção ou meras actividades contabilísticas, dos impostos pagos, etc. Assim, se parece inegável que o *offshore* da Suíça ou de Londres contribuiu para o desenvolvimento regional, noutros casos as conclusões não apontam claramente num impacto positivo ou negativo e ainda noutros estamos perante o que alguns comparam à «maldição dos recursos naturais»: gera subdesenvolvimento e dependência.

3.5. Como é que um tal mundo e submundo pode funcionar sem que os intervenientes se enganem uns aos outros? Por exemplo, como é possível que os "testas de ferro" não roubem os verdadeiros proprietários?

Essa é uma pergunta que surge com frequência. A grande maioria de nós é honesta. Uma grande parte dos intervenientes nos *offshores* é desonesta (sobretudo quando mete empresas de fachada – empresas ecrã ou fantasma – homens de palha – testas de ferro – ou administradores executivos que administram centenas de empresas). É um raciocínio espontâneo e respeitador da lógica bivalente, mas que resulta do nosso natural desconhecimento desse submundo das finanças ou do crime. Ajudado também por continuarmos frequentemente a estabelecer um paralelo entre o crime económico-financeiro e o chamado "crime de rua", espelhado infantilmente nos Irmãos Metralha dos livros Disney ou nos filmes de Al Capone e similares.

Não negamos que possa haver entre alguns intervenientes nos *offshores* operações que violam as regras de jogo dos procedimentos acordados, mas é uma situação marginal. Limitamo-nos aqui a alguns argumentos para contrapor o raciocínio implícito na pergunta:

- Os *offshores* diferenciam-se profundamente do submundo do crime da nossa imaginação, mesmo quando este é praticado (fraude

OS *OFFSHORES* DO NOSSO QUOTIDIANO

fiscal, branqueamento de capitais, etc.). Temos que ter em conta que são praças financeiras internacionais onde estão presentes muitos dos grandes bancos internacionais, muitas das grandes consultoras económicas e auditoras internacionais – incluindo as que são consideradas em qualquer país garantia de "isenção e qualidade" – muitas sociedades de advogados e solicitadores de reconhecido mérito. É frequentemente difícil destrinçar o "padrinho" de uma máfia do "empresário" de sucesso: há uma interligação crescente entre as organizações criminosas transnacionais e a criminalidade de colarinho branco[29].

- O segredo é a alma do negócio, num mundo e sector de actividade de fortíssima competitividade. Como diz um homem envolvido na gestão de fortunas

    "Sei coisas que eles (os clientes da UBS e da Akoya) não iriam contar à imprensa. é claro. Eu sou uma pessoa leal e, sendo assim, eu fecho a boca. A minha formação profissional foi esta. Sabemos muito, mas estamos calados, O sigilo bancário é muito importante. (...) Atenção, há três perguntas que eu nunca fiz aos clientes: a religião deles, as preferências sexuais (se era hetero ou homossexual) e se pagavam impostos" (Vilela, 2017, p. 272)

---

[29] Primeiro apontamento. Não se pode fazer uma correspondência entre fraude económico-financeira e crime de colarinho branco. Depende muito do tipo de fraude, das competências que esta exige, dos montantes envolvidos e dos grupos sociais intervenientes. Além disso a criminalidade de colarinho branco pode estar associada a outro tipo de violações da lei ou da ética. Segundo apontamento. Quando estamos a tratar do crime cometido pelas elites (económicas ou políticas) é preferível falar em criminalidade (e vez de crime) de colarinho branco, apesar das ambiguidades gerais deste conceito. Para se analisar a origem do conceito ver Sutherland (1940, 1983 [1949]). É possível encontrar na Internet a edição do livro em espanhol, mas desconhecemos a qualidade da tradução e não sabemos a que "original" se refere: o que na altura foi censurado ou ao original. Para a dissecação conceptual do tema ver Santos (2001). Para um breve panorama sobre a sua realidade contemporânea ver, por exemplo, Gayraud (2012, 2014a).

3. CARACTERIZAÇÃO DOS *OFFSHORES*

- Mesmo no submundo criminal há regras de comportamento que são respeitadas, há códigos que funcionam, ou não poderíamos falar num "submundo" que existe e funciona[30].
- Todos os actos associados aos *offshores* estão perfeitamente blindados juridicamente em «contratos para cumprir». Assim, por exemplo, associado à "flexibilidade" de criação de empresas e ao sigilo bancário, pode o testa de ferro executivo ter limitações no funcionamento da conta bancária e o verdadeiro proprietário dos depósitos ter uma procuração para a movimentar. Além disso pode haver vantagem mútua de o proprietário efectivo e o testa de ferro manterem o acordado, como o demonstra na Teoria dos Jogos o "dilema do prisioneiro"[31]. Finalmente pode haver testas de ferro que o são sem seu conhecimento, tendo dado a sua identidade sem o saberem[32].
- O envolvimento das organizações criminosas transnacionais revelam inequivocamente que o não cumprimento das regras pode significar a morte e a enorme dificuldade de os prevaricadores se esconderem para o evitarem.

Se admitimos que estes elementos são suficientes para justificar que os *offshores* funcionem, há muitos elementos a ter em conta como Shaxson (2012, p. Cap 11) demonstra depois de vários anos de investigação sobre o assunto. Apresentemo-los abreviadamente:

---

[30] Este assunto está bem documentado em trabalhos científicos. Ver, por exemplo, Congoste (2012)

[31] "Dois suspeitos, A e B, são presos pela polícia. A polícia tem provas insuficientes para os condenar, mas, separando os prisioneiros, oferece a ambos o mesmo acordo: se um dos prisioneiros, confessando, testemunhar contra o outro e esse outro permanecer em silêncio, o que confessou sai livre enquanto o cúmplice silencioso cumpre 10 anos de sentença. Se ambos ficarem em silêncio, a polícia só pode condenar cada um a 6 meses de cadeia. Se ambos traírem o comparsa, cada um leva 5 anos de cadeia. Cada prisioneiro faz a sua decisão sem saber que decisão o outro vai tomar, e nenhum tem a certeza da decisão do outro. A questão que o dilema propõe é: o que vai acontecer? Como o prisioneiro vai reagir?" (da Wikipedia)

[32] "são utilizados entrepostos fiscais para exportações ou importações simuladas, registadas em nome de empresas cujos sócios-gerentes são marginais, como prostitutas ou sem-abrigo" (Morgado & Vegar, 2003, p. 39). Os seus documentos foram «comprados» e utilizados.

OS *OFFSHORES* DO NOSSO QUOTIDIANO

- Os funcionários dos bancos em *offshores* são preferencialmente recrutados em certos meios, particularmente se vão assumir responsabilidades importantes, como forma de garantir uma compatibilidade formativa e ideológica com as funções que vão desempenhar. A afirmação seguinte, sobre a população dessas regiões, define o contexto do pessoal escolhido: "Uma fauna particular e compósita povoa este universo: os membros ricos das velhas aristocracias da Europa continental, os discípulos fanáticos do escritor libertário americano Ayn Rand, os agentes dos serviços secretos, os grandes criminosos internacionais, os antigos alunos das escolas privadas britânicas, os *lords* e *ladies* de todo o tipo e uma profusão de banqueiros" (290)
- Também existem outras formas subtis de recrutamento dos quadros com mais responsabilidade: conhecimento pormenorizado do seu passado profissional, pertença a certas organizações secretas ("loja maçónica"), uma vigilância permanente sobre a sua actuação e formas subtis de pressão (sobrecarga de trabalho se fogem às regras, intimidação de despedimento, expulsão da região com um futuro negro na sua carreira, possibilidade de "desaparecer") e processos de descrédito da sua imagem pública. Estas situações são ampliadas pela pequena dimensão geográfica de muitos *offshores*[33]: "nos pequenos Estados todos conhecem todos: os conflitos de interesse e a corrupção são inevitáveis". Não há a consciência de gradações de opinião: ou «é dos nossos» ou «contra nós». Um entrevistado confessa que denegriram tanto a sua imagem e ameaçaram a mulher e filhos que esteve para se suicidar. Outro não revela nada da sua actividade passada (que hoje repudia!) porque quer poder regressar às Bahamas. São recordadas mortes que nunca foram esclarecidas.

---

[33] Para além dos muitos exemplos referidos no livro recordo que há uns anos, em democracia, tive um grupo de estudantes que analisaram o *offshore* da Madeira (tema recorrentemente abordado). Quando entregaram o trabalho não quiseram colocar nele os seus nomes porque se isso acontecesse poderiam não conseguir encontrar emprego na ilha, para onde queriam regressar depois da licenciatura.

3. CARACTERIZAÇÃO DOS *OFFSHORES*

- Nenhum funcionário tem uma visão de conjunto sobre os assuntos que trata. "Eles não podem compreender o que se passa realmente". Muitos dos clientes são um mero código.
- Os intervenientes no processo são mergulhados num ambiente de luxo que lhes custa a abandonar. Um exemplo de actuação para construir relações subtis com os clientes: "Krall ia ao Rio de Janeiro a jogos de pólo, óperas e concertos, e tomava inumeráveis pequenos almoços, almoços e jantares de trabalho nos restaurantes mais caros da cidade".
- As estruturas políticas e as autoridades policiais são repressivas em relação a quem considera que a região é um *offshore* e discorda do seu funcionamento[34]. Pode assumir diversas formas, tudo levando a admitir a existência massiva de escutas telefónicas. Pode-se ser preso se não cumprir o sigilo profissional.

Em síntese, "tais mundos e submundos funcionam".

Melhor, quase sempre. Por exemplo, acontece que os bancos de fachada (sem efectiva estrutura) são frequentes nos *offshores* e que por vezes vão à falência e os clientes perdem tudo o que aí tinham depositado.

---

[34] São muitos os exemplos apresentados sobre Jersey, que desconhece o que é a democracia britânica. "Venha a Jersey, uma Coreia do Norte ensolarada na Mancha", diz um blog propagandístico. Transcrevamos um parágrafo: "Em Outubro de 2009, acusado [falsamente] de ter divulgado um relatório sobre o comportamento de uma enfermeira, Syvret fugiu para Londres e pediu asilo na Câmara dos Comuns, convicto de que não poderia contar com um processo justo em Jersey. O deputado liberal-democrata John Hemming acolheu-o em sua casa declarando que «não se podia permitir que ele fosse extraditado para ser julgado por um tribunal fantoche». Esse deputado no seu regresso à ilha em Maio de 2010 para a sua campanha eleitoral, foi detido no aeroporto. «É uma sociedade sem contra-poder, governada por uma oligarquia, diz Syvret. É um Estado de partido único e é-o há séculos». (Shaxson, 2012)

4. SUA ENUNCIAÇÃO

4.1. Será possível apresentar uma lista de todos os *offshores*?

Há várias instituições que apresentam listas dos *offshores*. Estas são construídas segundo uma determinada definição do que eles são. Isso faz com que cada uma chegue ao seu próprio inventário. As instituições normalmente identificam *offshores* com "paraísos fiscais".

Analisemos algumas definições.

A OCDE, no seu dicionário de termos relacionados com os impostos[35] apresenta a seguinte definição:

> "No seu sentido «clássico» paraíso fiscal refere-se a uma região que impõe um imposto baixo ou nulo e que é usado pelas empresas para evitarem pagar os impostos mais elevados que teria de pagar num outro país. De acordo com o relatório da OCDE, os paraísos fiscais têm as seguintes características fundamentais: impostos nulos ou baixos; ausência de trocas efectivas de informação; falta de transparência nas acções legislativas, jurídicas ou administrativas".

Tal significa que se uma região autónoma assinar 12 acordos de partilha de informação fiscal com conteúdo aprovado pela OCDE deixa de ser considerado uma jurisdição de sigilo, passa a ser confiável. Não há em devida

---

[35] Ver http://www.oecd.org/ctp/glossaryoftaxterms.htm (consultado em 11/09/2017)

consideração a diferença entre o formal e o efectivo, quer nesses acordos quer na transparência. Por exemplo, as taxas de imposto aplicadas a entidades estrangeiras podem ser negociadas à margem do que está estipulado na lei. Por exemplo, pode haver alguma troca de informações mas imprecisa ou com uma lentidão que reduz qualquer hipótese de operacionalidade.

Tem razão Murphy (2017, p. 152) quando afirma

> "Mecanismos como este da ODCE, voluntariamente ou não, deram aos paraísos fiscais demasiadas oportunidades de reivindicarem que tinham cumprido todas as condições exigidas, quando na verdade quase nada estava a ser feito para travar o problema central subjacente da prevenção dos abusos fiscais".

Segundo outros autores esta leitura «benévola» da OCDE é provavelmente voluntária, na medida em que há um conflito de interesses entre esta instituição, gerida por países que têm paraísos fiscais, e a anulação destes:

> "E é este o cerne da questão, porque países politicamente poderosos como os Estados Unidos, a Suíça, a Holanda e o Luxemburgo são todos membros da OCDE, que durante mais de 50 anos tem estabelecido as regras da cooperação internacional em assuntos fiscais. Não é de surpreender que as regras tenham sido manobradas a seu favor, e também é pouco surpreendente que as tentativas de reformular as regras com vista à criação de um ambiente mais cooperativo tenham sido bloqueadas durante décadas." (Christensen in Pimenta (Org.) et al., 2014, p. 59).

Alguns documentos da OCDE revelam que eles só aparentam estar preocupados com a «concorrência fiscal excessiva».

O FMI evita tratar de uma forma sistemática o problema, como demonstra, por exemplo, a sua listagem datar de 2007 e ser bastante diferente da sua de 2000 sem justificação aparente, de no seu relatório anual de 2016 (FMI, 2017), apenas utilizar uma vez o termo *tax haven*, a propósito dos temas falados na *Parlamentary Network Global Conference*.

4. SUA ENUNCIAÇÃO

O mesmo se poderá dizer dos documentos consultados do *Financial Action Task Force* (FATF), apesar de a sua missão estar essencialmente associada a recomendações contra o branqueamento de capitais e o financiamento do terrorismo.

Muitos países têm uma lista dos países que consideram ser *offshores*, faz parte do seu quadro legal. Contudo o seu inventário é limitadíssimo. Aproveitemos a situação portuguesa para apresentarmos a lista dos *offshores*, comparando os considerados pela TJN e o governo português em 1 de Janeiro de 2017[36]:

- No quadro seguinte inventaria-se o que a TJN e a lei portuguesa consideram como *offshores*.
- As regiões (ou países) consideradas na terceira coluna são as que constam ou da lista dos *offshores* identificados pela *Tax Justice Network*, ou na legislação portuguesa (ou por ambas).
- No início de Fevereiro de 2018 a TJN publicou uma nova listagem mais completa e mais pormenorizadamente quantificada (em 2015 havia algumas regiões que ainda careciam de hierarquização, identificadas aqui como sem classificação «s.c.»). Na primeira e segunda colunas identifica-se a posição na hierarquia dos *offshores*. Em 2018 o offshore mais importante à escala mundial é a Suíça com um índice de 1589,57 calculado tendo em conta indicadores quantitativos e qualitativos sobre o grau de secretismo e os movimentos financeiros envolvidos. Aliás mantém a posição que já tinha em 2015. O último país da hierarquização, com a posição 112ª, é Monteserrat com 16,53 de índice. Os primeiros 25 *offshores* concentram 56% do valor da soma dos índices.[37]

---

[36] Como diz Cardoso "Nos dias que correm, conhecer todas as jurisdições *offshore* é tarefa fácil; em Portugal, a portaria 345-A/2016 de 30 de Dezembro, recentemente publicada e que altera a Portaria nº 150/2004 de 13 de Fevereiro, lista 79 dessas jurisdições. (...) Nos termos das referidas Portarias, o legislador português opta por não definir o conceito, limitando-se a listar as 79 jurisdições que considera serem os [...] países, territórios e regiões com regimes de tributação privilegiada, claramente mais favoráveis, constantes da anterior portaria (150/2004 de 13 de Fevereiro)" (Maia (Org.), Sousa (Org.), & Pimenta (Org.), 2017, p. 232/233)

[37] Não apresentamos informações mais detalhadas deste importante índice porque elas estão inteiramente disponíveis no site da TJN (https://www.taxjustice.net/) ou do próprio

OS *OFFSHORES* DO NOSSO QUOTIDIANO

- Na quarta coluna indica-se as regiões consideradas na legislação portuguesa (Portaria n.º 345-A/2016), com «Sim», tendo em conta as alterações introduzidas no Orçamento de Estado para 2018.
- Quando uma região não pertence a uma ou outra listagem nada se regista.[38]

Tabela 1 – Offshores segundo a Tax Justice Network e a lei portuguesa
(por ordem alfabética dos países)

TJN		País ou Região	Portugal (2017)
2018	2015		
50	61	África do Sul	
7	8	Alemanha	
105	87	Andorra	Sim
56	63	Anguilla	Sim
98	65	Antígua e Barbuda	Sim
		Antilhas Holandesas	Sim
37	43	Arábia Saudita	
68	57	Aruba	Sim
		Ascensão	Sim
44	44	Austrália	

índice (https://www.financialsecrecyindex.com/). Aí encontra todas as informações sobre os indicadores considerados, as fontes analisadas, os critérios de quantificação e classificação, as listagens elaboradas em vários anos. Encontra também informações detalhadas sobre muitos *offshores*, assim como causas e consequências da sua existência. É certo que o site é em inglês, mas admitimos que a tradução automática do Google permite captar o essencial. Aconselha--se também a leitura de Christensen (2012)

[38] Alguns exemplos para facilitar a leitura:
- A Alemanha consta na lista da TJN como sendo um dos mais importantes offshores, ocupando a sétima posição na listagem de 2018 (com uma posição ligeiramente inferior em 2015). Contudo não é considerado como tal na legislação portuguesa.
- Andorra é considerado pela TJN como *offshore* (de reduzida importância, que ainda diminuiu entre 2015 e 2018) e também o é pela legislação portuguesa.
- Djidouti não é considerado pela TJN como sendo um offshore, mas é-o pela legislação portuguesa.

4. SUA ENUNCIAÇÃO

35	24	Áustria	
19	25	Bahamas	Sim
17	9	Bahrain	Sim
48	22	Barbados	Sim
53	38	Bélgica	
90	60	Belize	Sim
36	34	Bermuda	Sim (5)
88	s.c.	Bolivia	Sim
103	62	Botswana	
73	26	Brasil	
91	80	Brunei	Sim
89		Bulgária	
21	29	Canadá	
60	42	Chile	
28	20	China	
24	35	Chipre	
33	49	Coreia do Sul	
59	67	Costa Rica	Sim
79		Croácia	
84	70	Curaçao	
61	83	Dinamarca	
		Djibouti	Sim
96	89	Dominica	Sim
9	10	Emirados Árabes Unidos (Dubai)	Sim
76	73	Eslováquia	
104	88	Eslovénia	
52	66	Espanha	
93	77	Estónia	
2	3	EUA	
40	46	Filipinas	
71	90	Finlândia	

25	31	França	
106	s.c.	Gâmbia	Sim
95	48	Gana	
83	55	Gibraltar	Sim
80	85	Grécia	
101	82	Grenada	Sim
78	39	Guatemala	
10	17	Guernsey	Sim
		Guiana	Sim
14	41	Holanda	
		Honduras	Sim
4	2	Hong Kong	Sim
74	84	Hungria	
		Ilha de Guam	Sim
42	32	Ilha de Man	Sim (6)
		Ilha de Nime	Sim
		Ilha de Norfolk	Sim
		Ilha de Pitcairn	Sim
		Ilha de Santa Helena	Sim
		Ilha de São Pedro e Miguelon	Sim
		Ilha de Tokelau	Sim
		Ilha Tristão da Cunha	Sim
39	14	Ilhas Marshall	
3	5	Ilhas Caimão	Sim
		Ilhas Cocos o Keeling	Sim
100	91	Ilhas Cook	Sim
		Ilhas de Kiribati	Sim
		Ilhas de Queshm	Sim
		Ilhas do Pacífico não compreendidas nos restantes números	Sim
		Ilhas Fiji	Sim

		Ilhas Maldivas	Sim
		Ilhas Marianas do Norte	Sim
		Ilhas Marshall	Sim
		Ilhas Natal	Sim
		Ilhas Palau	Sim
		Ilhas Salomão	Sim
		Ilhas Svalbard	Sim (4)
87	68	Ilhas Turks e Caicos	Sim
86	50	Ilhas Virgens Americanas	Sim (1)
16	21	Ilhas Virgens Britânicas	Sim
32	45	Índia	
57		Indonésia	
26	37	Irlanda	
72	71	Islândia	
34	40	Israel	
41	58	Itália	
		Jamaica	Sim
13	12	Japão	
18	16	Jersey	Sim (2)
		Jordânia	Sim
		Koweit	Sim
55	59	Letónia	
11	7	Líbano	Sim
38	33	Libéria	Sim
46	36	Liechtenstein	Sim
97		Lituânia	
6	6	Luxemburgo	
22	11	Macau	
102	74	Macedónia	
31	18	Malásia (Labuan)	Sim
94	s.c.	Maldivas	Sim

20	27	Malta	
49	23	Maurícia(s)	Sim
82	52	México	
92	76	Mónaco	Sim
99	s.c.	Montenegro	
112	92	Montserrat	Sim
108	93	Nauru(s)	Sim
45	53	Noruega	
58	54	Nova Zelândia	
12	13	Panamá	Sim
62	s.c.	Paraguai	
		Polinésia Francesa	Sim
51	75	Polónia	
65		Porto Rico	Sim
64	78	Portugal (Madeira)	
		Quatar	Sim
27		Quénia	
23	15	Reino Unido	
		República Árabe do Yémen	Sim
70	81	República Checa	
69	s.c.	República Dominicana	
47		Roménia	
29	30	Rússia	
81	51	Samoa	Talvez (3)
		Samoa Americana	Sim
		Samoa Ocidental	Sim
110	79	Santa Lúcia	Sim
63	69	São Cristovão e Nevis	Sim
109	86	São Marino	Sim
111	64	São Vicente e Grenadinas	Sim
77	72	Seichelas	Sim

5	4	Singapura	
54	56	Suécia	
1	1	Suíça	
		Sultanato de Oman	Sim
		Swazilândia	Sim
15		Tailândia	
8	s.c.	Taiwan	
75	s.c.	Tanzânia	
		Tonga	Sim
107		Trinitá e Tobago	Sim
30	19	Turquia	
		Tuvalu	Sim
43		Ucrânia	
67	28	Uruguai	Sim (6)
66	47	Vanuatu	Sim
85	s.c.	Venezuela	

Observações: (1) Ilhas virgens dos EUA; (2) Talvez até Lei do Orçamento para 2018 porque falavam em Ilhas do Canal (Alderney, Guernesey, Great Stark, Herm, Little Sark, Brechou, Jethou e Lihou). Inequivocamente «sim» a partir de então; (3) Samoa Americana e Samoa Ocidental; (4) Ilhas Svalbard (arquipélago Spitsbergen e ilha Bjornoya); (5) Ilhas Bermudas; (6) A partir da Lei do Orçamento para 2018.

Deixamos a cada um as conclusões desta listagem, mas chama-se a atenção para três aspectos:

1. Na orientação dada aos recursos financeiros há vários elementos a considerar. Como diz Murphy (2017, p. 118/119) "Como é evidente alguns lugares estão profundamente envoltos em secretismo, mas na prática não são utilizados por qualquer pessoa para fins de abusos fiscais, por serem inacessíveis, geográfica ou economicamente. Monserrate será por ventura um exemplo perfeito. Uma minúscula ilha com apenas 4900 habitantes foi devastada por uma erupção

vulcânica em 1995 e, apesar de apresentar muitos indicadores de secretismo que poderiam destacá-la como um lugar que seria alvo de apreensão, a verdade é praticamente dinheiro nenhum circula pelo seu território, segundo todos os indicadores internacionais disponíveis, a maioria dos quais emitidos pelo FMI".

2. Muitos dos *offshores* constantes da legislação portuguesa parecem a inexistente ilha do Pacífico apresentada por Júlio Verne como a "Ilha Misteriosa".

3. Muitos dos mais importantes *offshores* não contam da lista oficial portuguesa, sobretudo da Europa e da América do Norte, e não são apenas os retirados da lista anterior (Chipre e Luxemburgo, apenas no que respeita às sociedades holding no sentido da legislação luxemburguesa que se rege pela Lei de 31 de Julho de 1929 e pela Decisão Grã-Ducal de 17 de Dezembro de 1938[39]).

4.2. Afirmaram que a lista da Tax Justice Network é a mais completa. Podem justificar um pouco isso?

Cremos que melhor que qualquer reposta nossa é consultar o site respectivo. De qualquer forma podemos apresentar algumas justificações muito breves:

– A listagem é feita a partir de uma definição precisa de *offshores* e através da consulta de vários tipos de inventários; uns oficiais, outras de cientistas estudiosos do problema.

– Não há conflitos de interesse na TJN, o que é potencial garantia de maior rigor.

– Há um acompanhamento pormenorizado e atento do que é feito em cada *offshore*.

---

[39] Sobre este *offshore* fundador da Comunidade Económica Europeia falaremos oportunamente.

Além disso, como se refere em nota de fim de página anterior (nota 37), há uma quantificação da importância relativa de cada *offshore* segundo um conjunto de critérios quantitativos e qualitativos claramente explicitados. Aliás essa é uma das grandes vantagens do trabalho da TJN: a divulgação clara e rigorosa de todas as suas análises, sempre abertas ao contraditório.

É de admitir que a sua listagem tenha falhas, mas há uma vontade permanente de as corrigir.

4.3. Sabemos que cada *offshore* tem as suas características. É possível darem alguns exemplos das diferenças entre eles?

Já respondemos anteriormente, mas a insistência mostra que não foi suficientemente respondida. Continua a ser uma pergunta ingrata para respondermos de uma forma precisa, por muitas fontes a que recorramos, por três razões fundamentais: (1) O que um *offshore* oferece tem frequentes mudanças e não temos nem a garantia que o que aqui se escreva esteja actualizado nem que entre o momento de escrevermos e de lerem não se tenham registado mudanças. (2) Muito frequentemente há fortes diferenças entre aquilo que está escrito, incluindo na lei, e o que se passa efectivamente. (3) Frequentemente a origem, propriedade e dimensão das empresas interessadas em se instalarem pode gerar condições especiais.

Apesar do risco de repetições é possível, de uma forma genérica, aprofundar um pouco mais, apontar algumas diferenças. Conforme o *offshore* o tipo de sociedades e impostos que têm reduções ou isenção total são diferentes. Só alguns permitem o registo de embarcações, mesmo que sejam territórios afastados do mar. As redes internacionais em que se inserem apresentam especificidades. Os bancos, as auditoras e as empresas de advogados não estão uniformemente espalhados em todos eles. Há *offshores* que privilegiam determinado tipo de sectores ou de operações bolsistas. Também a escassa burocracia de criação de uma empresa e a forma de funcionarem podem ser diferentes (nomeadamente se são empresas para criar valor acrescentado). O terrorismo aumentou a pressão internacional para um controlo do branqueamento de capitais e a sensibilidade de cada *offshore* ao problema pode ser diferente. Como já tivemos oportunidade de referir o número de acordos para «a troca de informações» ou «evitar a dupla tributação» (que são documentos diferentes com impactos fiscais distintos) assinados por cada *offshore*, mesmo para não vigorar efectivamente, a apreciação da OCDE e outras instituições internacionais, o constar ou não das listas oficiais de *offshores* de um determinado país, as alterações governamentais numa região (mesmo não pondo em causa o essencial, insistimos) e outros aspectos similares mostram que estamos perante uma realidade heterogénea (dentro da homogeneidade do essencial) com variabilidade conjuntural. Depois, coisas comezinhas como acesso geográfico, estabilidade tectónica, ausência ou não de conflitos sociais podem influenciar decisivamente. Além disso há *offshores* que têm funções especificas: irradiar para outros espaços, alterar locais e testas de ferro quando há uma investigação sobre uma determinada riqueza, funcionarem como câmara de compensação anónima[40], etc.

Provavelmente melhor que essa descrição é reproduzir a forma como a Google utiliza os *offshores* na Europa, apesar de a transcrição ser longa:

> "A Google (...) utilizou a técnica do «duplo irlandês» – bem conhecida dos fiscalistas especializados – para só pagar uma taxa de 2,4% sobre os lucros realizados fora dos EUA. A astúcia implica duas filiais da Google: uma recebe das vendas dos produtos e serviços Google da Europa, Médio Oriente e África, mas ao mesmo tempo deve transferir *royalties* (pela utilização das patentes Google onerando esses produtos e serviços) a uma outra filial do grupo. Esta segunda filial está domiciliada na Irlanda, mas a sua direcção geral encontra-se nas Bermudas. Resultado: a primeira filial deduz dos seus impostos o pagamento dos *royalties*, o que reduz a sua conta fiscal na Irlanda; a das Bermudas praticamente não paga impostos (...) Contudo o esquema necessita de um terceiro interveniente: por causa de uma bizantaria da lei irlandesa, os *royalties* devem ser

---

[40] A análise deste tema consta de vários trabalhos de Denis Robet. Para uma visão introdutória veja-se uma sua entrevista em (Robert & Verzeroli, 2016)

transferidos para as Bermudas *via* uma filial da Google instalada na Holanda (uma casca vazia sem nenhum empregado). Este desvio pela Holanda, assim como o «duplo irlandês», é um processo para evitar impostos correntemente utilizado pelas multinacionais" (Shaxson, 2012, p. 352)

Assim, considerando os países europeus da UE que são *offshores*, a City de Londres tem a vantagem da rede tentacular que influencia, a Irlanda e a Holanda a estabilidade política, a pertença à zona euro e uma vasta rede de convenções fiscais bilaterais que permite a adopção de formas muito diversificadas de utilização de diferentes regimes fiscais. Contudo o caso mais relevante e intrigante é o Luxemburgo, país fundador da Comunidade Económica Europeia, quando nesta se afirma: "A Comunidade tem como missão, através da criação de um mercado comum e da aproximação progressiva das políticas dos Estados-Membros, promover, em toda a Comunidade, um desenvolvimento harmonioso das actividades económicas, uma expansão contínua e equilibrada, uma maior estabilidade, um rápido aumento do nível de vida e relações mais estreitas entre os Estados que a integram".

Quase podemos considerar que há um Luxemburgo oficial e um subterrâneo, o que faz com que a Tax Justice Network a designe a «estrela da morte» da opacidade financeira. Alguns aspectos:

– Aparentemente é um dos melhores do mundo. Centralidade geográfica, elevado nível de vida (com a sua origem nas jazidas de ferro a partir dos anos 70 do século XIX), legislação conforme com a cooperação e a transparência. "Estabilidade do regime jurídico e fiscal e estabilidade política, económica e social, o que é muito importante para os investidores. Isso está ligado ao modelo social luxemburguês, em que o governo, o patronato e os sindicatos se juntam para encontrar soluções para os problemas" (Grulms in Shaxson, 2012, p. 356). Assim sendo, tem uma enorme panóplia de acordos para a troca de informações fiscais e para evitar a dupla tributação. Forte sigilo bancário, constituindo um crime a sua violação. Preocupação sistemática em promover propaganda sobre a sua transparência.

- A possibilidade de estabelecimento de acordos («à margem da lei») que garante a empresas estrangeiras enormes benefícios fiscais – "pode obter um acordo fiscal com o seu interlocutor durante um bom jantar" (Shaxson, 2012, p. 361); empresas de fachada com grandes facilidades de constituição; o funcionamento de uma câmara de compensação de pagamentos internacionais que, por diversos esquemas de registo e contabilidade, garante que muitas operações sejam anónimas. Há uma grande diferença entre o apregoado e a realidade. Os valores das suas operações financeiras típicas dos *offshores* são dos mais elevados a nível mundial.

Estes factos são confirmados quer pelo escândalo financeiro (*Luxembourg Leaks*) divulgado pelo ICIJ – International Consortium of Investiative Journalists, quer pelos relatórios do FATF/GAFI – Financial Action Task Force[41].

4.4. Portugal é um *offshore*?

Em Portugal há estrangeiros que podem usufruir de vantagens fiscais que os nacionais não usufruem. Se podemos considerar «concorrência fiscal» com os países de origem desses cidadãos[42], tal não é suficiente para

---

[41] Ver http://www.fatf-gafi.org/publications/?hf=10&b=0&q=Luxembourg&s=desc(fatf_releasedate)

[42] Recorde-se o artigo do Diário de Notícias de 20/02/2017 intitulado "Benefícios Fiscais atraíram mais dez mil estrangeiros em 2016":
"Em apenas um ano, o universo de estrangeiros a quem foi concedido o estatuto de residente não habitual (RNH) aumentou 44% - passou de 7414 em 2015 para 10 684 no final do ano passado. Em ritmo crescente tem também estado o número de pedidos de adesão a este regime criado em 2009, que permite a profissionais ligados a atividades de elevado valor acrescentado pagar uma taxa reduzida de 20% de IRS ou, no caso dos reformados, gozar de isenção total do imposto.
Depois de uns anos a viver na Suíça, Pierre e Margot, um casal de franceses, decidiram mudar-se para Portugal. Compraram uma casa no Chiado (Lisboa) e pediram para aderir ao regime

considerar Portugal como um *offshore*. Há regulação, independentemente da apreciação que se faça dela, e não há secretismo.

O mesmo, contudo, não se passa com a Madeira. O que oficialmente se designa por "Centro Internacional de Negócios da Madeira" é um *offshore*, identificado, como vimos, pela TJN, apesar de ocupar um papel bem modesto no contexto internacional.

Começamos por aconselhar a visita à sua página oficial[43]. Aí encontra a listagem da legislação que lhe é aplicada: em geral (de 1980[44]) e sobre o licenciamento, constituição e funcionamento de sociedades (de 1982, 1987, 1988, 1994 e 1997), sobre incentivos fiscais e financeiros (de 1986 e de vários anos após 2000), sobre registo internacional de Navios da Madeira-Mar (de 1989 e 2003), sobre *trusts* (de 1988 e 1994), sobre actividades financeiras (de 1994), sobre taxas.

Actuando, pois, há já bastantes anos, sofrendo algumas limitações no período de intervenção da Tróica (em função da (1) "introdução de uma

---

de residente não habitual. Por serem reformados (Pierre esteve ligado à gestão de uma empresa farmacêutica) vão poder beneficiar do acordo de dupla tributação entre Portugal e França e ao mesmo tempo do regime que Portugal criou para os estrangeiros que se mudem para cá ou para os expatriados. O mesmo é dizer que, se nada for alterado, podem contar com dez anos sem pagar IRS sobre as suas pensões.

À semelhança do que sucede na maioria dos outros países europeus, Portugal tem também um sistema de incentivos fiscais para atrair profissionais de atividades de elevado valor ou pessoas com elevado património. O regime de RNH foi criado em 2009 e ficou disponível em 2010, tendo sido alterado em 2013. Esta mudança deu-lhe novo fôlego porque veio clarificar de uma vez por todas que no caso de reformados há lugar a isenção de IRS quando as pensões não são pagas pelo Estado português ou quando estas são tributadas no Estado de origem (de acordo com o previsto dos acordos de dupla tributação). Ora, por regra, estes acordos concedem ao país de residência o direito de tributar. E é aqui que o RNH entra em campo, ao prever a aplicação da isenção."

Por isso "A ministra sueca das Finanças disse, em entrevista a um jornal sueco, que manifestou o seu desacordo a Mário Centeno em relação ao regime que isenta de tributação as reformas de pensionistas estrangeiros com residência em Portugal" (24/02/2017). Mais recentemente Florent Pagny recordou uma razão para os artistas estrangeiros se instalarem em Portugal: "não há impostos sobre os royalties de todo o mundo" (27/09/2017).

[43] Neste momento https://www.ibc-madeira.com/pt/

[44] A «Zona Franca da Madeira» foi criada por Decreto-Lei em Agosto de 1980. Em Abril de 1990 o jornal "Contacto" do Banco Nacional Ultramarino com circulação interna, anunciava na primeira página "*offshore* inaugurado na Madeira". Mais de uma década depois veja-se, por exemplo, as referências que já lhe são feitas em Morgado and Vegar (2003)

regra de congelamento em todos os benefícios fiscais" e (2) "redução das deduções fiscais e regimes especiais em sede de IRC"), reanimado depois pelo apoio da UE, ele continua a existir. A sua utilização é diferenciada conforme os intervenientes, mas, grosso modo, é usado de quatro formas:

– Para algumas empresas portuguesas usufruírem de isenções fiscais, como pode ser constatado pelas listagens publicadas pela AT (nem sempre dentro do prazo)[45];
– Para algumas poucas empresas internacionais se instalarem na região em actividades comerciais ou industriais[46];
– Para muitas empresas internacionais fingirem que se instalam na Madeira, tendo esse registo sumário a única preocupação de manipulação contabilística e usufruto de impostos mais reduzidos;
– Registo de barcos pertencentes a outros países.

É verdade que o facto do *site* oficial dizer

"O actual regime de benefícios fiscais do Centro Internacional de Negócios da Madeira (CINM) permite a instalação de novas empresas até ao final de 2020, as quais beneficiarão da aplicação de uma taxa reduzida de imposto sobre os lucros (IRC) de 5% até 31 de Dezembro de 2027. (...) A taxa reduzida é aplicável sobre os lucros provenientes de operações desenvolvidas exclusivamente com outras entidades não residentes em território português ou com entidades igualmente licenciadas no âmbito do CINM."[47]

---

[45] Ver "Lista de contribuintes com benefícios fiscais" no site da Autoridade Tributária e Aduaneira".
[46] Um estudo feito sobre a economia da Madeira revelava que não havia qualquer desenvolvimento marginal do comércio ou da indústria naquela região em relação a Portugal no seu conjunto. Apenas tinham crescido mais intensamente os advogados, os solicitadores e os contabilistas.
[47] http://www.ibc-madeira.com/pt/tax-benefits.html (consultado em 15/9/2017)

não é suficiente para designar a região como *offshore*, mas é um indício forte. Contudo, mais do que a listagem da TJN, Martins (2011) demonstra inequivocamente que o é:

- "O governo regional da Madeira classifica os accionistas das empresas-fantasma que estão registadas no Centro Internacional de Negócios da Madeira de "investidores estrangeiros" (3)
- "Quando dois homens da freguesia de S. Pedro passam a gerir 868 empresas sem qualquer remuneração pelo desempenho do cargo, a situação é aparentemente normal" (4)
- "Se juntarmos no mesmo local duas empresas que lançaram uma OPA à TVI, importações e exportações que nunca passaram do papel para não pagar impostos, aumentos e diminuições de capital social que ocorreram no mesmo dia para baralhar os resultados da consolidação de contas de multinacionais, venda de quadros de Salvador Dali, intermediação de jogadores de futebol que nunca pisaram o solo da Madeira, e muitas outras histórias secretas que estão vedadas ao escrutínio público, então, talvez exista mesmo uma Ilha do Tesouro onde a arca cheia de ouro está enterrada num local assinalado com um grande X" (4)
- "São 2435 empresas que funcionam na sombra, [sem trabalhadores], sem que alguém atenda o telefone ou responda a um e-mail (... criadas especificamente para manipular os preços de transferência e funcionarem como «porta de entrada» no mercado europeu, transferindo os custos para os países de maior tributação e deixando os lucros na Madeira onde estão isentos de pagar impostos" (16)

Outros dados poderiam reforçar esta apreciação.

4.5. Há alguma relação entre os níveis de corrupção dos países e o facto de serem *offshores*?

Antes de respondermos directamente à questão, duas observações.

Primeira. Actualmente é muito difícil quantificar a corrupção[48]. Por isso quantifica-se a percepção da corrupção. Esses indicadores são construídos pela Transparência Internacional, ONG internacional sediada na Alemanha. Para aproximar essa percepção à realidade da corrupção aquela instituição tem critérios rigorosos de identificação dos inquiridos. Estamos essencialmente a medir a corrupção política e a corrupção no comércio internacional, ficando eventualmente de fora outras formas de corrupção, embora seja de admitir uma estreita correlação positiva entre a analisada e a excluída. Os dados medem essencialmente a corrupção de quem recebe.

Segunda. Com um indicador entre 0 (totalmente corrupto) e 100 (sem corrupção), o valor atribuído a cada região oscila, em 2016, entre 10 (para a Somália) e 90 (para a Dinamarca e a Nova Zelândia).

Dito isto pesquisemos nos primeiros 15 *offshores* na classificação da Tax Justice Network e nos valores que eles apresentam quanto à corrupção na Transparency Internacional:

---

[48] O Observatório de Economia e Gestão de Fraude, após uma reunião da OCDE em que se solicitou que Portugal criasse um sistema de quantificação e descrição de procedimentos da corrupção concebeu um projecto, que se mantém na gaveta por falta de cooperação com outras instituições e de financiamento. Encontram-se algumas referências pontuais em Calado (2013)

Tabela 2 - Percepção de Corrupção nos 15 principais offshores

País ou Região	Offshore	Corrupção
	Financial Secrecy Index 2018	Índice de Percepção da Corrupção 2016
	(valor do índice e hierarquização)	(valor do índice e hierarquização)
Suíça	1590 (001)	86 (005)
EUA	1298 (002)	74 (018)
Ilhas Caimão	1268 (003)	...
Hong Kong	1244 (004)	77 (015)
Singapura	1082 (005)	84 (017)
Luxemburgo	976 (006)	81 (010)
Alemanha	769 (007)	81 (010)
Taiwan	743 (008)	61 (031)
Emirados Árabes Unidos	661 (009)	66 (024)
Guernsey	659 (010)	...
Líbano	644 (011)	28 (136)
Panamá	626 (012)	38 (087)
Japão	624 (013)	72 (020)
Holanda	599 (014)	83 (008)
Tailândia	551 (015)	35 (101)

Estes dados mostram que frequentemente um país bom num indicador é mau no outro. Os principais *offshores* são regiões de baixa corrupção (provavelmente porque temos uma incompleta concepção deste conceito, como referiremos oportunamente).

4.6. É possível fazer uma incursão mais pormenorizada sobre a Europa?

Os dados anteriores já respondem bastante a esta questão. Para seu reforço podemos transcrever o que já afirmámos repetidamente, embora com uma abrangência que ultrapassa as temáticas que estamos a tratar. Na nossa opinião, hoje a Europa é o epicentro (ou um dos principais) da fraude[49].

Cinco factores principais tornaram a Europa um centro nevrálgico das actividades económicas ilegais[50]:

1. O fim do sistema económico socialista foi antevisto vários anos antes pela elite governante, tendo muitos pertencentes à referida elite organizado a economia paralela: a posse de enormes riquezas, o controlo de centros de decisão nevrálgicos, a sonegação de recursos financeiros, a criação de exércitos paralelos de «capangas», a transferência para «lugares seguros» (ex. *offshores*) de muitos recursos.

2. As máfias nascidas na Europa reforçaram o seu poder às escalas europeia e mundial: controlando empresas, negócios e pessoas, aparecendo frequentemente de uma forma populista (ex. no futebol), ramificando-se em instituições culturais e filantrópicas. Influenciam activamente a política nacional e internacional. Alguns conflitos têm-lhe sido particularmente benéficos (ex. Guerra dos Balcãs).

3. As medidas tomadas pelos Estados Unidos depois dos atentados de 11 de Setembro de 2001 tornaram aquele país menos apetecível (veja-se o «Patriot Act») para ser o centro principal das actividades ilegais à escala mundial e de lavagem de dinheiro. Muitas dessas actividades transferiram-se para a Europa: a libra e o euro tornaram-se subitamente muito atractivos enquanto moedas de investimento.

---

[49] O texto seguinte é tirado de uma comunicação feita no Casino da Figueira da Foz em 17 de Janeiro de 2011. Pensamos que no essencial mantém toda a actualidade.

[50] Para aprofundar alguns dos aspectos seguintes consultar (Gayraud, 2011, 2012, 2013, 2014a, 2014b; Gayraud & Thual, 2012; Napoleoni, 2009).

Isso explica por que é que se tornaram as moedas preferidas para os fundos de investimento especulativo.

4. A Europa é detentora de vários *offshores* onde, com grande impunidade, se pode colocar os sites informáticos de actividades ilegais, fazer lavagem de dinheiro e estabelecer redes económicas criminosas. Segundo o Fundo Monetário Internacional temos, na Europa: Andorra, Campione (Itália), Chipre, Dublin (Irlanda), Gibraltar (RU), Guernsey (RU), Man (RU), Jersey (RU), Liechtenstein, Londres (RU), Luxemburgo, Madeira (Portugal), Malta, Mónaco, Holanda e Suíça. Fora dela: Tahiti (França), Anguila (RU), Aruba (Holanda), Bermuda (RU), Ilhas Virgens (RU), Ilhas Caimão (RU), Montserrat (RU), Antilhas Holandesas (Holanda), Turks e Caicos (RU), Estados Associados das Índias Ocidentais (RU). Outros pertencem à Commonwealth.

5. O interesse da Europa em ser parceiro privilegiado da China (para o aumento da importância internacional do euro) torna-a particularmente condescendente à entrada (disfarçada) das máfias chinesas na Europa. A China é a campeã da contrafacção (dos bens de consumo corrente aos medicamentos, da tecnologia e programas informáticos às peças de avião), da pirataria marítima e na sua área de influência actuam importantes redes da criminalidade internacional. Com a «paciência de chinês» vão construindo a sua rede comercial e especulativa internacional.

5. CONSEQUÊNCIAS SOCIAIS

5.1. Será possível apresentarem-nos números sobre o que *offshores* representam na sociedade mundial?

Não é uma tarefa fácil por duas razões:

1. Já sabemos que os *offshores* são jurisdições de sigilo e, assim sendo, não é possível a recolha de informação estatística. É certo que para fluxos anuais podemos ir às estatísticas de alguns bancos centrais e recolher informações. Contudo não nos podemos iludir: é uma ínfima parte dos fluxos, isto é, os que seguiram os circuitos legais.
2. Grande parte dos estudos simplesmente ignoram a existência dos *offshores*. Tende-se a olhar exclusivamente para o que é legal, mesmo que o ilegal (ou o não ético) seja às vezes mais importante em frequência e em valor[51].

---

[51] A este propósito fizemos uma breve estatística ilustrativa. Recebemos regularmente os documentos de trabalho produzidos mundialmente sobre "economia encoberta" (*undergrownd economics*) tendo arquivados, neste momento (Set. 2017) 1824 documentos. Destes apenas 72 fazem referência a "*Offshores*" ou "paraísos fiscais" e apenas 8 têm esse assunto como título, sendo um da Tax Justice Network. Por curiosidade indicamos os 7 restantes: (Bilicka & Fuest, 2012; Braun & Weichenrieder, 2015; Elsayyad & Konrad, 2015; Gumpert, James R. Hines, & Schnitzer, 2011; Gumpert, Jr., & Schnitzer, 2012; Hebous & Lipatov, 2011; Johannesen & Zucman, 2012)

OS *OFFSHORES* DO NOSSO QUOTIDIANO

No entanto é possível apresentarmos algumas estimativas da importância dos *offshores*, quer olhando para a situação da economia actual, quer assumindo-se estimativas do que aí existe.

Comecemos pela primeira vertente

(A) A quantidade, em frequência e em valor, das operações da chamada economia ilegal é enorme: produção e tráfico de droga, tráfico de armamento e mercenários, tráfico de órgãos humanos, tráfico de pessoas e escravatura; tráfico de espécies em extinção, prostituição e pedofilia, «armazenamento» de resíduos perigosos, contrabando de petróleo e outros recursos naturais, pirataria marítima, os roubos e assaltos a instituições, a ciberfraude e o cibercrime (ora para promover velhos crimes ora para a prática de muitos novos), além de muitos outros, mesmo muitos, incluindo o terrorismo. São actividades frequentes e organizadas.

> "O COT [Crime Organizado Transnacional] representa problema de escala crescente, que projecta uma sombra sobre a sociedade mundial (...) estes grupos criminosos estão activos tanto na Europa como na Ásia, África e América, sendo que nenhuma sociedade é poupada; tornou-se uma força universal que envenena o clima de negócios, corrompe líderes políticos e lesa direitos humanos" (Buekenhout, 2015, pp. 17 [citando Boutros Boutros-Ghali]).

Actividades consideradas ultrapassadas reaparecem: "A escravatura está dentro dos nossos frigoríficos. Da fruta à carne e do açúcar ao café, o trabalho escravo põe comida nas nossas mesas" (Napoleoni, 2009, p. 129). O número estimado em 2003 pela *Geographic Magazine* era de 27 milhões de escravos (no sentido rigoroso do termo), diferindo da escravatura praticada em séculos passados pelo facto os escravos serem mais baratos.

Segundo a Global Financial Integrity, no seu relatório *Transnational Crime and the Developing World* de Março de 2017 (http://www.gfintegrity. org/report/transnational-crime-and-the-developing-world/ , consultado em 18/09/2017)

5. CONSEQUÊNCIAS SOCIAIS

"considera que globalmente o negócio do crime transnacional é avaliável entre 1,6 e 2,2 biliões de dólares anuais. O estudo avalia a dimensão dos mercados criminais em 11 categorias: o tráfico de droga, armas, de homens, de órgãos humanos, de propriedade cultural, contrafacção, tráfico de animais selvagens, pesca ilegal, exploração florestal ilegal, mineração ilegal e roubo de petróleo bruto."[52]

Aquele valor corresponde a cerca de 11% do Produto Interno Bruto dos Estados Unidos da América.

Uma grande parte deste rendimento (a que acresce uma parte da riqueza acumulada) tem que ser «lavado» e, mesmo admitindo que nem tudo passe pelos *offshores*, eles têm certamente uma função decisiva.

(B) Já sabemos que a economia não registada é o conjunto das actividades que não estão reflectidas na contabilidade nacional[53]. As técnicas de cálculo daquela fazem com que a atenção se concentre mais no que não está registado por razões fiscais, o que alguns autores designam por economia sombra, como o faz Friedrich Schneider[54]. Também sabemos que a evasão fiscal tanto se pode fazer com ou sem registo na contabilidade nacional. Contudo o peso da economia sombra dá uma ideia da fuga aos impostos e, em grande medida, da importância dos *offshores* nesse processo. Ora os dados (Hassan & Schneider, 2016) mostram que o valor médio para o período 1999/2013 varia entre 9,09% do PIB oficial (para a Suíça) e 72,30% (para a Bolívia). Se considerarmos alguns países altamente desenvolvidos temos, por exemplo, EUA com 9,17%, Reino Unido com 13,78%, Japão com 13,81% e Alemanha com 15,77%.

Não é, pois, de espantar que a divida mundial dos governos centrais em percentagem do PIB tenda a aumentar desde 1990 (primeiro período para que há dados) registando-se os seguintes valores desde 2000:

---

[52] Para mais pormenores ver Global Financial Integrity (2017)
[53] Sobre estes conceitos ver Gonçalves (2010) ou OCDE (2002)
[54] Professor universitário na Universidade de Linz, Áustria.

OS *OFFSHORES* DO NOSSO QUOTIDIANO

Tabela 3- Montante da dívida dos governos centrais no mundo

Ano	% do PIB
2000	52,7
2001	59,0
2002	60,3
2003	62,9
2004	63,0
2005	62,6
2006	60,7
2007	59,8
2008	63,8
2009	73,4
2010	77,8
2011	81,8
2012	85,9
2013	86,5
2014	92,2
2015	93,9

Fonte: Banco Mundial

Com este panorama geral analisemos, então, algumas estimativas referentes aos *offshores*.

A Oxfam (2000)[55], ONG preocupada com a problemática e a realidade da pobreza, após um longo período de recolha de informações concluiu

> "O secretismo, o comércio eletrónico e a crescente mobilidade do capital levaram todos os governos a deparar-se com problemas na cobrança de receitas. A linha que separa a evasão e a elisão fiscais

[55] Este estudo está disponível em http://www.taxjustice.net/cms/upload/pdf/oxfam_paper_-_final_version__06_00.pdf

5. CONSEQUÊNCIAS SOCIAIS

está a tornar-se cada vez mais difusa[56]. Contudo, segundo uma estimativa conservadora, os paraísos fiscais contribuíram para perdas de receitas nos países em desenvolvimento de pelo menos 50.000 milhões de dólares por ano. Para nos contextualizarmos, este valor equivale aproximadamente aos fluxos de ajuda internacional proporcionados aos países em desenvolvimento. Realçamos que a estimativa é conservadora. Foi derivada dos efeitos da concorrência fiscal e do não pagamento de impostos sobre o êxodo de capitais. Não considera a evasão fiscal declarada, práticas empresariais como os preços de transferência nem a utilização de paraísos para reportar lucros inferiores." (Murphy, 2017, p. 130)

Em 2013 retomaram o tema[57]:

"Pelo menos US $ 18,5 biliões estão escondidos pelos ricos em paraísos fiscais em todo o mundo, representando uma perda de mais de US $ 156 milhares de milhões de receitas tributárias, de acordo com novos números publicados hoje pela agência internacional Oxfam. O dinheiro escondido é o dobro do necessário para que cada pessoa do mundo vivesse acima do limiar de "pobreza extrema" de US $ 1,25 por dia.".

Entre os dois estudos a OCDE, organismo relativamente complacente com os *offshores*

"sugeria em 2008 que «se estima que os países em desenvolvimento perderam para os paraísos fiscais quase três vezes o valor que

---

[56] Esta terminologia jurídica continua a ser usada, mas tende a ser «substituída» por planeamento fiscal (que se admite que todas as empresas fazem) em que no planeamento fiscal agressivo a fronteira entre o legal e o ilegal é muito difusa.
[57] Ver https://www.oxfam.org/en/pressroom/pressreleases/2013-05-22/tax-private-billions--now-stashed-away-havens-enough-end-extreme (consultado 19/09/2017).

recebem sob a forma de ajuda dos países desenvolvidos»" (Murphy, 2017, p. 132).[58]

Em 2011 estimou-se que

"o custo total da evasão fiscal no mundo inteiro (...) [era] cerca de 5 por cento do PIB mundial da altura" (Murphy, 2017, p. 134)

Enfim, dispensando-nos de apresentar as diversas estimativas feitas, concentramos a atenção em dados relativamente recentes, divulgados por Henry (2012):

"estimativa global de 21-32 biliões de dólares para os activos financeiros globais em *offshores* em 2011" (Murphy, 2017, p. 136)[59]

Como afirmou Gallant (2017, p. Resumo):

"Uma fuga fiscal global caracteriza o mundo moderno. Biliões de rendimentos alegadamente tributáveis não são tidos em conta pelas normas fiscais nacionais, privando os Estados de receitas muito necessárias. O discurso político está cheio de acusações de que os paraísos fiscais e a indústria financeira "off-shore" conduzem ao esgotamento dos recursos públicos. Os meios de comunicação populares vilipendiam os conglomerados multinacionais pela sua exploração sistémica de oportunidades para manterem os lucros

---

[58] Em estudo recente (Pimenta, Afonso, & Fonseca, 2017) concluímos que "Apesar da África subsariana ser um recebedor da "ajuda para o desenvolvimento", vários dados sobre o funcionamento dos *offshores* [mostram que] quase podemos dizer que há um canal visível e institucional dos países desenvolvidos para os subdesenvolvidos e um canal invisível e defraudador em sentido inverso, envolvendo cidadãos, instituições e Estados. Segundo a Global Financial Integrity a África é um credor líquido do resto do mundo entre 1980 e 2009 (com a passageira excepção de 1981/2 e 1998) oscilando entre 6,8 mil milhões de dólares por ano e 168,7 mil milhões). Foi nas vésperas da crise e nesta que atingiu os valores mais elevados: nos anos de 2004 a 2008 o valor líquido transferido de África foi de 649,8 milhões de dólares."

[59] Sobre o assunto consultar a crónica na visão online em http://www.gestaodefraude.eu/wordpress/?p=1084 (ou https://www.fep.up.pt/docentes/cpimenta/lazer/pdf/VisaoE191.pdf) .

em mãos privadas, em vez de pagar sua justa quota parte nos impostos. O notório escândalo dos «Panama Papers» revela um vasto mundo de finanças escondidas. Divulgam também a cumplicidade de grandes bancos consagrados na subversão das leis tributárias dos países."

Pensamos que ficou bastante patente o papel crucial dos *offshores* no capitalismo actual. Não é uma excrescência marginal do sistema económico, mas uma instituição central no funcionamento daquele[60].

5.2. Esses dados são alarmantes. Essa riqueza está efectivamente nos *offshores*?

Ainda bem que aparece essa questão porque depois de apresentarmos os números anteriores poderia ficar a ideia que esses montantes de dólares ou euros estão fisicamente nesses territórios *offshore*.
Alguns poucos exemplos, antes de uma resposta conclusiva:

- Muitas das empresas existentes nesses territórios são gestoras de outras empresas, podendo concentrar parte, ou a totalidade, do grupo, nelas. É por isso que se instalam nos *offshores* para terem menos tributação, menos fiscalização e regulação. A empresa domiciliada nesse território é um fantasma jurídico, estando os rendimentos e a riqueza onde estão as empresas que ela "gere".
- Quando a empresa E vende uma mercadoria a F (para quem a envia) mas contabilisticamente vende a G1 (que também é sua) que está num *offshore* a um preço inferior ao real estamos a ter uma transferência fictícia de lucros de E para G1, mas a mercadoria sempre esteve em E e F.

---

[60] Procurámos ser sintéticos e não inundar o texto com dados e estimativas. Quem quiser aprofundar o assunto certamente encontrará vários. No entanto deixamos, a titulo de informação dois documentos recentes: Alstadsæter, Johannesen, and Zucman (2017); Bouvatier, Capelle-Blancard, and Delatte (2017)

OS *OFFSHORES* DO NOSSO QUOTIDIANO

– Quando uma habitação existente num país está registada como propriedade de uma empresa num *offshore* para não pagar, ou pagar menos, IMI o valor da casa está nas contas da empresa no *offshore* mas o bem efectivo está, por exemplo, em Portugal.
– Muitas das empresas existentes nos *offshores* são fantasmas que visam tão somente encobrir de qualquer fiscalização outras contas e outras empresas.
– Quando um traficante de droga, ou de qualquer outra actividade ilegal, utiliza os *offshores* para o branqueamento de capitais não é para lá deixar o dinheiro, mas sim para despistar a sua origem e permitir investi-lo em empresas em qualquer país, ou na compra de títulos bolsistas (incluindo de dívida pública) que estão depositados algures.

Por outras palavras, os valores que constam nos *offshores* podem estar fisicamente em qualquer local. É também por essa via que o crime organizado transnacional passa a ser o "empresário impoluto", o "credor do Estado", o "cidadão benfeitor da região", etc. É por isso que 1000 empresas podem ter sede em 100 m², como acontece na Ilha da Madeira (Martins, 2011, p. 93)

Ainda por outras palavras, uma parte da Economia Subterrânea e da Economia Ilegal existente em cada país como parcelas da Economia Não--Registada corresponde a "verbas" que estão nos *offshores*.[61]

> "A alegação de que o dinheiro está no paraíso fiscal é pura e simplesmente um embuste: está tão presente neste território quanto o titular da conta. Tudo o que a conta faz é fornecer algo que (...) é um mecanismo sigiloso de obscurecer a propriedade do dinheiro, cujo impacto económico é, definitivamente, sentido noutro lugar." (Murphy, 2017, p. 78)

---

[61] Um apontamento adicional importante: actividades que não passam pelos *offshores* também podem gerar Economia Subterrânea ou Economia Ilegal, assim como há fraudes fiscais que não integram a Economia Subterrânea.

5.3. Tudo o que tem sido explanado é o resultado de uma «teoria da conspiração»?

Por vezes assim parece. Como diz Murphy

> "os paraísos fiscais têm três finalidades fundamentais: minar o Estado de direito para benefício de uma elite da sociedade; impedir que os governos democraticamente eleitos criem as políticas que deles poderá esperar o seu eleitorado; e aumentar a concentração do rendimento e da riqueza mundial" (2017, p. 11)

Admitimos que essa realidade esteja presente nas mentes de muitos participantes em conferências internacionais, como as do clube de Bilderberg (Estulin, 2005), mas não é isso que move as empresas que beneficiam de mais baixos impostos, as organizações criminosas que procuram processar o branqueamento do capital, os particulares que usufruem dos *offshores* pelas mais diversas razões.

Podemos, sim, afirmar que é uma forma de organização e funcionamento do capitalismo na fase de globalização.

6. COMO DEBELAR O FLAGELO?

6.1. Antes de se entrar no que se pode fazer para combater os *offshores* talvez fosse útil conhecer os argumentos dos seus defensores. Será possível enunciá-los?

É relativamente fácil fazê-lo. Para os seus defensores há uma série de princípios orientadores da sua forma de pensar e agir, não porque a realidade seja essa, mas porque ela assim o deveria ser para que estivesse conforme com os modelos e estes funcionassem bem[62]:

a) O respeito pelos "mercados" (mesmo que não cumpram a lei) é o pilar fundamental de funcionamento da sociedade. São o símbolo de referência e de suporte de tudo o mais.

b) O Estado, frequentemente identificado com "os políticos", é prejudicial ao funcionamento dos mercados, pelo que não deve actuar nessa área.

c) A concorrência fiscal entre países aumenta a eficiência do conjunto dos intervenientes no processo fiscal.

d) O investimento depende negativamente da taxa de imposto e é, por definição produtivo e promotor de crescimento.

---

[62] Dispensamo-nos de dissecar esta ideia de que a realidade está "errada" porque os modelos que foram idealizados (na base de um conjunto de hipóteses totalmente irrealistas) é que estão "certos". Esse é o tema central de um dos nossos livros: Pimenta (2017c)

OS *OFFSHORES* DO NOSSO QUOTIDIANO

Cremos, contudo, que a transcrição de alguns textos ajudará mais do que tudo o que possamos dizer. Daniel J. Mitchell é, segundo Shaxson (2012, p. 246), um dos seus grandes defensores. Vejamos o que dizem alguns do seus textos:

> "o meu principal argumento é que precisamos dos paraísos fiscais para ajudar a controlar a cobiça da elite política. Em termos simples, os políticos raramente pensam além das eleições seguintes, por isso tributam e gastam até nós sofrermos um catastrófico colapso fiscal à maneira grega, a menos que exista algum tipo de verificação e equilíbrios externos" (Murphy, 2017, p. 57)

> "a regra da maioria simples resulta numa tirania da maioria. (...) Por conseguinte, o poder de tributar tem de ser separado da legislatura, uma vez que é eleita por sufrágio universal. O consentimento à tributação só poderá ser obtido mediante o voto dos contribuintes por cada libra de imposto que pagam; quanto mais uma pessoa tiver a dizer, mais paga" (Institute of Economic Affairs in Murphy, 2017, p. 58)

> "A grande maioria da população mundial vive em países onde os governos são incapazes de fornecer as protecções elementares de uma sociedade civilizada. (...) Os paraísos fiscais ajudam a proteger essas pessoas de dirigentes incompetentes e venais oferecendo um lugar onde pôr os seus activos" (Vídeo de Mitchell in Shaxson, 2012, p. 253)

Ainda outro texto, de origem diferente:

> "Os governos têm de ser competitivos no que toca às suas taxas de imposto, caso contrário, cada vez mais dinheiro será armazenado em lugares com impostos mais baixos. A concorrência fiscal é um impulsionador-chave do crescimento económico mundial, dado que incentiva os políticos a manterem reduzidos os impostos sobre

as poupanças e os investimentos. Quando as taxas de imposto são excessivas, há menos crescimento económico. Os paraísos fiscais proporcionam a concorrência necessária para a mitigação desta realidade" (Adam Smith Institute in Murphy, 2017, p. 107)

Convém também recordar alguns argumentos mais «caceteiros»:

"Quem leu (...) entre 1992/1994 o Jornal *O Independente* as opiniões do respectivo director, Paulo Portas, percebeu que este exortava amiúde ao combate ao «Estado-fisco» e o «Estado-ladrão»: «anarquista de direita, tendo a considerar que no mundo moderno é preciso recuperar Robin Hood: tudo o que se puder 'roubar' ao Estado é bem 'roubado', porque evidentemente, nos dias que correm não há 'ladrão' mais perfeito do que o Governo: este, o próximo ou os anteriores [...]. O estado decreta, arbitra, taxa, cobra e recebe, com a facilidade com que um ladrão perfeito entra em casa de pessoas decentes»" (Vilela, 2017, p. 18)

Não podemos, contudo, encerrar sem referir aspectos em relação aos pressupostos dos amantes dos *offshores*:

a) Os homens são uma realidade suficientemente complexa para poderem ser reduzidos à dimensão económica;
b) Os "mercados" dos intervenientes nos *offshores* ou são à margem do funcionamento legal da sociedade, ou são oligopolizados com forte assimetria de informação e muito longe do "mercado de concorrência perfeita" tido como referência;
c) Os *offshores* só podem existir porque existe uma intervenção do Estado;
d) A fiscalidade não se pode contrapor, ou sobrepor-se, "a lei da concorrência, as leis ambientais, as normas contabilísticas, o direito do trabalho" (Murphy, 2017, p. 14), etc.
e) A concorrência entre empresas (quiçá vantajosa) nada tem de comum com a concorrência entre Estados (nomeadamente em matéria

fiscal). É um mero fetichismo da utilização da mesma palavra-signo "concorrência".

f) Dos princípios invocados pelos defensores se poderia deduzir que impostos baixos são vantajosos para as empresas e o que é bom para estas é-o para os países em que actuam. Contudo, a relação entre carga fiscal por país e bem-estar contradizem esta constatação.

6.2. Os *offshores* são o refúgio da regulação financeira internacional?

Esse é um dos argumentos dos sectores favoráveis à existência de *offshores*. É uma posição neoliberal[63], nome inadequado[64] para designar os que hoje consideram que o mercado é a forma mais eficiente de harmonizar interesses diferentes, actuando politicamente para consubstanciar aquele «livre» funcionamento da actividade económica.

O que temos assistido ao longo dos anos é a uma diminuição da intervenção no Estado na sociedade e, consequentemente, na Economia. Antes tínhamos planeamento de longo prazo, hoje temos regulação de curto prazo. Antes tínhamos uma intervenção do Estado susceptível de alterar a estrutura produtiva, hoje temos um acompanhamento e fiscalização da actividade económica privada.

Mesmo assim muitas empresas consideram que há Estado a mais, e a desregulação é o caminho do progresso (para eles, procurando aparentar que também o é para a sociedade) e nessa medida os *offshores* são o seu terreno de eleição. Mas, atenção, uma coisa é o que «deve ser», que frequentemente figura na lei, e uma coisa diferente é o que «é».

---

[63] Ao longo dos anos temos abordado este conceito. Sugerimos Pimenta et al. (2017)
[64] Abordamos o tema em (Pimenta, 2017b)

6.3. Como se justifica que depois de tantas declarações políticas contra os *offshores* eles continuem e existir?

De facto ao longo dos anos diversas instituições foram manifestando preocupações sobre a existência e funcionamento dos *offshores*. Sigamos de perto Hegídio Cardoso (in Maia (Org.) et al., 2017) que faz o apanhado dessas «intervenções» internacionais:

- Convenção das Nações Unidas contra o Tráfico Ilícito de Estupefacientes e Substâncias Psicotrópicas (Convenção de Viena de 1988). Embora o tema central seja a droga, manifesta preocupação pela ocultação de dinheiros dessas operações nos *offshores*.
- Declaração de princípios do Comité de Basileia. Esta declaração, com revisões posteriores a 1988, estabelece os princípios internacionais a que deve obedecer a regulação bancária, a qual também deve preocupar-se com as movimentações relacionadas com *offshores*.
- Criação e funcionamento do Grupo de Acção Financeira Internacional. Nascido em 1989, na sequência de uma reunião do G7, visa tomar medidas nacionais e internacionais contra o branqueamento de capitais. A sua actividade assenta em quarenta recomendações (alargadas posteriormente a 49), que se vão adaptando às condições de cada momento. Tem tido a adesão de muitos países e as suas regras tendem a ser consideradas como as regras-padrão contra o branqueamento de capitais (o que obviamente envolve os *offshores*).
- Convenção nº 141 do Conselho da Europa de 1990. Visando essencialmente o combate ao crime organizado, relaciona-se com o branqueamento de capitais e tem influência sobre os *offshores*.
- Directiva 91/308/CEE de 10 de Junho. Pretende prevenir a utilização do sistema financeiro para efeitos de branqueamento de capitais, criminalizando este e estabelecendo mecanismos de detecção, nomeadamente pela identificação dos clientes. Foi substituída e completada pela Directiva 2005/60/CE.

OS *OFFSHORES* DO NOSSO QUOTIDIANO

– Constituição de Unidades de Informação Financeira nos países e sua coordenação, mais uma vez visando essencialmente o branqueamento de capitais.

"Hoje, o grupo integra 151 membros, onde se contam as UIF's da maioria (se não todas) das jurisdições consideradas como paraísos fiscais e ainda 19 observadores, entre os quais se contam o Banco Mundial, o Fundo Monetário Internacional, o GAFI, o Gabinete das Nações Unidas sobre Drogas e Crime (UNODC), o Conselho de Cooperação para os Estados Árabes do Golfo (GCC), e a Organização para Segurança e Cooperação na Europa (OSCE), só para citar os mais conhecidos." (230).

O gabinete português está integrado na estrutura da Polícia Judiciária.

– Gabinete de Recuperação de Activos que visam "a determinação em garantir que sejam tomadas medidas concretas para detectar, congelar, apreender e confiscar os produtos do crime" (231). Na conferência de 2002 decidiu-se a "criação de uma rede informal de contactos e grupos de cooperação entre estados" (231).
– Diálogo de Oslo, promovido pela OCDE em 2011 e apoiado pelo G20
"visou a obtenção de um conjunto de objectivos para o combate à criminalidade financeira, concluindo ser necessário:
  o Uma maior transparência;
  o Uma mais eficaz recolha de informação e análise e
  o Aprimorar a cooperação e partilha de informação entre os organismos governamentais e entre países com vista a prevenir, detetar e acusar os criminosos e reaver os ganhos das suas actividades ilícitas." (232).

Como se verifica, em todas estas medidas os *offshores* são objecto de intervenção pelas relações com outros aspectos, sobretudo o branqueamento de capitais, e não pela sua própria realidade. Por muito boas intenções que os operadores envolvidos tenham. Os *offshores* são sempre considerados como uma realidade exterior (uma excrescência, um cancro, um paraíso, conforme quem os refere) ao funcionamento global do capitalismo, quando a realidade é que eles são parte vital desse funcionamento. E estão presentes em cada acto humano (nos programas de computador que usamos, nos preços que pagamos quando vamos a uma loja, nas relações sociais que estabelecemos com os outros, nos nossos salários, no jogo de futebol a que assistimos, etc.).

É bom não esquecer que estas medidas surgem numa época de movimento de capitais sem restrições e de total incapacidade política de instaurar o que frequentemente foi designado por «taxa Tobin»[65]. Quase tudo isto acontece num período de muito débil regulação, de conflitos de interesse (recorde-se, por exemplo, a posição do Reino Unido"), de fideísmo perante o mercado e de intervenção neoliberal.

Em quase nenhum momento a existência de *offshores* é posta em causa. Só se procura intervir para minorar alguns aspectos considerados nefastos.

Numa ocasião de crise, em que se falava muito em restringir a actividade dos *offshores,* a Visão fez-nos uma entrevista em que uma das perguntas era "A existência de off-shores é uma vantagem ou uma desvantagem? A resposta foi a seguinte:

> "As off-shore são a hipocrisia do sistema. Multiplicam-se e sofisticam-se. Diz-se que são uma forma de promover o investimento. Ainda não consegui descobrir como. Mas quem tem off-shores não são os países periféricos. O maior proprietário é o Reino Unido! É o mesmo poder político que os acolhe e diz que não os consegue controlar." (Pinto, 2008)

Continuamos a pensar da mesma forma![66]

---

[65] Ver, por exemplo, Pimenta (2014).
[66] Sobre o assunto ver também Pimenta (2009)

6.4. Como se pode efectivamente acometer os *offshores*?

Em relação aos *offshores* é possível assumir uma multiplicidade de posições conforme as nossas convicções de partida.

Se considerássemos, como vimos na argumentação dos seus defensores, que os *offshores* são benéficos para a economia mundial e para a economia dos países porque é uma forma dos mercados funcionarem sem a nefasta intervenção do Estado, de aumentar a eficiência da actividade económica pela existência de concorrência fiscal entre os países; porque é o garante da privacidade e da propriedade; porque aumenta o investimento e o emprego, mesmo que tal se faça à custa do aumento das desigualdades económicos (deve-nos preocupar haver pessoas abaixo do rendimento de sobrevivência, mas só podemos ficar contentes em haver ricos, pois são estes que poderão resolver o problema dos primeiros), então há que defender a sua existência. Neste caso a posição é simples: deixemos espontaneamente que os *offshores* se fortaleçam e garantam os benefícios anunciados, mesmo que possam haver fases de recuo (se calhar por indevidas políticas económicas).

Os *offshores* podem aumentar as diferenças de rendimento mas "ricos e pobres sempre existiram", argumentarão alguns, não sem exigir-nos uma reflexão crítica. Essa proposição tende essencialmente a pressupor a naturalização do que é resultante duma construção social. Este é um discurso, um processo, que muito tem servido e serve para justificar relações de dominação e exploração não só de classe mas também de género e formas de segregação social. Isto conduz também a adulterar uma possível racionalidade crítica através de uma manipuladora patologia da racionalização.

Ao longo das considerações anteriores fomos deduzindo o repúdio daquela posição porque alguns dos «princípios» são mais ideológicos que científicos, porque se continua a atribuir ao capital características típicas das suas aplicações em actividades produtivas, porque não há uma independência genética entre os ricos e os pobres, porque se continua a ignorar a existência de muito rentáveis actividades criminosas, porque o homem é muito mais que um «agente económico».

Se considerássemos que há alguns aspectos positivos nos *offshores* o problema não seria fomentar o aparecimento de novos *offshores*, mas de

6. COMO DEBELAR O FLAGELO?

garantir uma regulação da sua actividade, já que hoje, com um «mundo em rápida mudança, vivendo-se numa sociedade de risco»[67] não é de admitir formas de intervenção política mais estruturais e veementes.

Se é a concorrência fiscal excessiva que é o problema, e não propriamente a concorrência fiscal, há que encontrar formas de a minorar. A OCDE, como vimos, é dos organismos que tem adoptado frequentemente essa lógica.

Se o fundamental é combater o branqueamento de capitais, seja porque está relacionado com actividades ilegais, seja porque promíscua as actividades económicas legítimas, seja ainda porque já muito associado ao terrorismo[68], defender-se-ão intervenções visando o combate dessa prática. Constatámos anteriormente que é nesse sentido que múltiplas instituições, normas, acordos e convenções se situam.

Contudo admitimos que o anteriormente discutido não aponta nesse sentido. Consideramos que os *offshores* são profundamente prejudiciais e que eles devem acabar. Contudo coloca-se uma questão crucial: é possível acabar com os *offshores*?

É certo que eles têm razões objectivas de existência, algumas das quais tenderão a perdurar para além da actual fase do capitalismo (ex. a existência das empresas multinacionais). Hoje não há condições políticas para impor mundialmente acabar de imediato com os *offshores* e fiscalizar a execução dessa decisão, nomeadamente quando ela entra directamente em conflito com os interesses de grandes potências – como dizia recentemente Guterres na qualidade de Secretário Geral das Nações Unidas, se hoje se negociasse uma nova Declaração Universal dos Direitos do Homem,

---

[67] Para se aprofundar esta problemática, frequentemente referida, ver, por exemplo, (Méric, Presqueux, & Solé, 2009)

[68] Este aspecto merece alguns comentários adicionais. Sem dúvida que o terrorismo contemporâneo é um dos grandes flagelos da humanidade, mas a estreita associação entre branqueamento de capitais e terrorismo pode ser pernicioso, por duas razões: a) há muito branqueamento de capitais que nada tem a ver com terrorismo, e a afectação prioritária de recursos humanos no combate e fiscalização do terrorismo, deixa abertas outras possibilidades de branqueamento de capital de outras origens; b) o terrorismo muitas vezes não está associado a elevados recursos financeiros e pode ser praticado sem que haja branqueamento de capitais ou transacções financeiras internacionais encobertas. A este propósito ver, por exemplo, (Vittori, 2004).

ela seria pior que a existente. Devemos deixar de invocar esse grande objectivo e encontrar um conjunto de propostas reformistas para minorar o problema, como nos diz indirectamente Cardoso (in Maia (Org.) et al., 2017, p. 226/227)

> "Contudo o tempo tem vindo a demonstrar que a luta contra os abusos cometidos à sombra das leis permissivas que, por regra, regem a vida económica e financeira de tais territórios, não se faz promovendo algo muito difícil, senão impossível, como é a sua extinção. Para além de não depender do querer de um governo ou organismo, tal propósito não resolveria o problema"?

Acrescente-se, em favor desta posição, que muitas das actividades são legais, mesmo no campo fiscal.

Esta situação faz-nos lembrar a luta contra a escravatura. Provavelmente durante séculos se considerou tal objectivo uma utopia inalcançável e se considerou, e se defendeu, apenas medidas para que os escravos tivessem uma vida mais digna, frequentemente não cumpridas ou ultrapassadas. No entanto, hoje sabemos que o esclavagismo legal já não existe no nosso planeta[69]. Importa dizer que o "legal" resulta da decisão de quem tem poder para estabelecer o que é a Lei. Não poucas vezes na História, e no quotidiano, a Lei tem mesmo colidido com o que social e culturalmente é sentido e tido como o Justo e o Ético.

Em síntese, defendemos que se deve erguer bem alto o objectivo de acabar com os *offshores* e, simultaneamente, defender um conjunto de medidas que no entretanto possam atenuar ou acabar com alguns dos seus aspectos mais perniciosos. Mais, esses objectivos imediatos ajudam a uma consciência do problema, à percepção da gravidade dos *offshores* para a vida de cada um de nós, podendo ajudar a intensificar algumas das contradições sistémicas que a sua existência implanta.

---

[69] Hoje continuam a haver escravos, como já referimos, mas tal é ilegal o que abre muitas novas possibilidades de investigação e penalização.

Resta enunciar que reformas devem ser defendidas para minorar os *offshores*. E acrescentar, após isso, algumas acções que podem ser de imediato desenvolvidas.

Murphy (2017), no trabalho a que temos feito frequente referência, reconhece que "é difícil imaginar um mundo após os paraísos fiscais" (189), mas dedica um capítulo a esse eventual futuro, apresentando no capítulo anterior um conjunto de medidas a assumir para além de uma melhor regulação, uma mais eficiente fiscalização e uma criminalização de certas actividades.

Sem pormenorizar essas medidas, e lembrando que ao longo do trabalho foi fazendo a defesa da generalização da troca automática de informações fiscais entre jurisdições, incluindo os *offshores*, defende:

1. Que os relatórios de actividade e de contas das multinacionais devem ser públicos e descrevendo a actividade realizada em cada país (ou região), de acordo com um conjunto de regras contabilísticas claramente definidas.

2. Que deve haver "registos da propriedade efectiva das sociedades de responsabilidade limitada e dos *trusts*" (165) mais robusto do que o proposto pela Comissão Europeia em 2016[70].

3. Reforma dos impostos sobre o rendimento das pessoas colectivas, propondo, entre outros aspectos, que os grupos económicos devem ser tributados como entidades únicas e que deve haver um Imposto Mínimo Alternativo para Empresas: "o objectivo único [deste imposto] consiste em garantir que uma taxa mínima de imposto sobre o rendimento das pessoas colectivas é paga sobre os lucros declarados de uma corporação multinacional" (Murphy, 2017, p. 177)

4. Travar os fornecedores de serviços nos paraísos fiscais (bancos, auditores, sociedades de advogados, enfim "facilitadores"), através da

---

[70] Ver "Proposal for a Directive of the European Parliament of the Council Amending Directive (EU) 2015/849 on the Prevention of the Use of the Financial System for the Purposes of Money Laundering or Terrorist Financing and Amending Directive 2009/101/EC", s.d. (Murphy, 2017, p. 233)

via de mais exigências e controlos nos seus próprios países, fazendo-se o levantamento das actividades em todas as suas filiais à escala mundial.

Admite ainda, como é óbvio, que tudo isto só é possível se houver vontade política:

> "Atirar uma pedra para a engrenagem de todas as profissões associadas aos paraísos fiscais constitui um passo crucial, mas, há que dizê-lo, será necessária uma última mudança para se conseguir dar a volta aos paraísos fiscais, a qual envolve a geração de vontade política entre os governos que sofrem atualmente uma perda de receitas nestes locais." (184)

Também Shaxson (2012) apresenta uma lista de dez medidas possíveis de implementar. Antes de as apresentar o autor chama a atenção de que os *offshores* são responsáveis pela falência de vários Estados, ameaçando atingir as nações mais ricas, e relembra que eles são uma realidade vital da sociedade contemporânea, que não promovem o desenvolvimento das regiões onde se implantam[71] e que têm como enquadramento a circulação do capital sem restrições.

Eis essas medidas propostas de uma forma muito sintética.

1. Porque as questões financeiras são vitais, deve haver da parte de todos, com destaque para os formadores de opinião pública, um bom conhecimento e um alerta permanente. Os países devem proteger os seus sistemas financeiros publicando listas negras de todos os locais que visam contornar as leis e regulamentos do seu país. A Tax Justice Network, nomeadamente o seu *site*, pode ser um importante contributo para tal.

---

[71] Como referimos anteriormente, vários autores chamam a atenção para o parelismo entre a actividade dos *offshores* e a «maldição dos recursos naturais»: a grande riqueza de certos recursos gera subdesenvolvimento. Sobre o assunto um sobrevoo no artigo de Martins (2016, em http://obegef.pt/wordpress/?p=27617).

2. Devemos defender intransigentemente a transparência, para o que é fundamental os relatórios pormenorizados e por países das multinacionais e a troca automática de informações entre países e regiões.

3. As reformas devem dar prioridade às necessidades dos países em desenvolvimento.

4. Afrontar directamente a actuação perniciosa e tentacular da City of London Corporation, sendo decisiva a pressão internacional. O mesmo se poderá dizer em relação ao papel dos EUA. Para tal o imposto único dos grupos como entidades únicas pode ser uma via, porque pode ser imposto unilateralmente por cada país.

5. São imperiosas reformas fiscais, pondo a tónica em duas vertentes: (1) Lançamento de uma taxa sobre o valor do solo porque as operações imobiliárias são uma parte importante dos lucros do sector financeiro, porque pode ser progressivo e ainda porque é de fuga impossível; (2) Nos países ricos em recursos minerais uma distribuição directa, e sem discriminações, dos lucros daí provenientes a todos os habitantes do país.

6. O *Patriot Act* nos EUA depois do 11 de Setembro mostrou a possibilidade de cada país impor unilateralmente medidas que condicionam os *offshores*. Recorde-se, por exemplo: "As novas disposições previam (...) que nenhum banco americano podia receber uma transferência de um banco tampão [écran] estrangeiro, e que nenhum banco estrangeiro podia transferir dinheiro para os EUA se ele o recebeu dum banco tampão estrangeiro" (389/90).

7. Pedir contas a todos os que intervêm nos *offshores*.[72]

8. Tem que ser repensada a responsabilidade das empresas. Actualmente podem ser de "responsabilidade limitada", são "quase pessoas" podendo instalar-se em qualquer país, usufruem das infra-estruturas, da força de trabalho com educação e formação, da segurança existente no país, do sistema de saúde montado, etc. Tudo isto significa que a empresa tem tanta responsabilidade para

---

[72] Grosso modo é a última proposta, anteriormente referida, de Murphy.

OS *OFFSHORES* DO NOSSO QUOTIDIANO

com a sociedade como para com os accionistas. A transparência contabilística e o pagamento de dividendos à sociedade (sob a forma de imposto) é o mínimo eticamente exigível[73].

9. A corrupção deve ser redefinida e, como tal, reflectir-se de forma diferente na legislação e na forma de pensar dos cidadãos. Na corrupção há a acção de pelo menos dois intervenientes (o corrompido e o corruptor) mas tende-se a sobrevalorizar apenas o primeiro. Mais, como já vimos, muita da corrupção só pode existir porque os *offshores* permitem a "fuga", o que os torna «agentes» intervenientes. "Os subornos [*pots-de-vin*] gangrenam e corrompem os Estados. Os paraísos fiscais gangrenam e corrompem o sistema financeiro mundial" (Shaxson, 2012, p. 392).

10. É preciso mudar a nossa cultura: "Quando os peritos, os jornalistas e os políticos prosternam-se perante os que enriqueceram não respeitando as regras comuns (...) alguma coisa está mal" (393). A linguagem deve mudar e não podemos continuar a aceitar as "frases feitas" sem interrogarmo-nos e interpelarmos os outros. "As instituições internacionais e os governos devem elaborar e promover novos códigos de conduta que distingam os comportamentos responsáveis e irresponsáveis nos domínios fiscal e regulamentar, interessando-se especialmente pelos paraísos fiscais" (394).

Diga-se, a este propósito que mudar a cultura é um processo de construção e que muito desse processo se dá através da importação e consequente interiorização de elementos que se reconhecem ser necessários e úteis e que até ao momento anterior eram exteriores, estranhos e/ou até desconhecidos. Devemos apresentar o complexo como tal, sem simplificações castradoras do concreto.

Depois deste levantamento estamos em condições de lançar algumas propostas, mantendo-se a grande utilidade das propostas aqui apresentadas

---

[73] Além nas questões de enquadramento, há que referir que o salário pago pelas empresas aos seus trabalhadores é abaixo do valor da sua força de trabalho, porque uma parte da reprodução desta é garantida pela sociedade, pelo Estado. Para mais pormenores ver (Pimenta, 1989, Cap. 4)

por estes dois autores, que evitamos retomar apesar de serem referências que devem estar sempre presentes.

A primeira questão de que nos devemos interrogar é da viabilidade técnica de determinar os registos contabilísticos por empresas existentes em cada país quando hoje aquelas estão «fragmentadas» por muitos países.

Por outras palavras, hoje as empresas têm facilidade em instalar-se em qualquer país ou região. Ser uma multinacional não é situação de alguns mas de muitas empresas. Isso faz com que haja produção, repartição de rendimentos e trocas nas diversas filiais e entre elas. Se se pretende que os impostos sejam repartidos pelos diversos países, e não apenas centrados na empresa-mãe ou em qualquer «trust» num paraíso fiscal, é necessário que se saiba o que foi produzido e repartido em cada país, que essas informações estejam na posse das autoridades fiscais respectivas e se reconheça internacionalmente que o Estado pode e deve actuar. Para tal é, em primeiro lugar, imperioso que haja a capacidade técnica de registar as operações realizadas por países (podendo ser combinada com outras medidas fiscais consideradas justas e oportunas).

[A.] Tal é possível tecnicamente e tem de ser implementado. É nesse sentido que se encaminha o essencial das propostas dos autores, atrás referidos, mas tal não é suficiente. Como ele próprio afirma é necessário que haja vontade política. E tal exprime-se num conjunto de aspectos:

[A.1.] As normas contabilísticas estejam concebidas de forma que a Contabilidade reflicta os factos, não permitam operações encobridoras dessa realidade e limitem a "contabilidade criativa".

[A.2.] Haver um maior conhecimento dos movimentos de capitais, o que numa fase muito insípida pode eventualmente passar, pelo menos, pela aplicação da designada taxa Tobin, ou de uma sua variante.

[A.3.] Aumentar a transparência no funcionamento das empresas, nas operações económico-financeiras entre países, nas informações fiscais entre Estados. Uma transparência efectiva e que não seja o suporte ideológico para operações de manutenção charmosa da realidade actual.

Tal exige inequivocamente o fim dos *offshores*, pois estes são, como temos visto, a negação das condições anteriormente referidas. Um problema mundial que não pode ser resolvido por cada país isoladamente[74].

[A.4.] Porque essa é uma decisão que envolve todos os países, e reconhecendo a resiliência e capacidade dos *offshores* aumentarem a teia do conflito de interesses a seu favor, essa postura deve merecer a atenção de todas as instituições internacionais, mas, deve ser politicamente controlada pela ONU, mesmo conhecendo as suas limitações actuais.

[A.5.] Provavelmente tal passa por maior reconhecimento oficial e estatuto político do Comité de Peritos para a Cooperação Internacional em Assuntos Fiscais (Committee of Experts on International Cooperation in Tax Matters) das Nações Unidas.[75]

Estas acções estão «muito longe» da acção de todos nós, cidadãos deste país. Contudo a actuação no plano internacional não acontecerá se não houver uma intervenção, lúcida, eficaz e persistente da «sociedade civil» em três planos:

---

[74] A capacidade de intervenção unilateral depende da importância relativa desse país na economia mundial. Por isso admitimos, pensando em Portugal, que é quase nula. Em 2010 os EUA, apesar de continuar a ter no seu território *offshores*, impôs, na sequência de vários conflitos com diversos bancos, nomeadamente suíços, o FACTA (Foreign Account Tax Compliance Act), segundo o qual obriga os bancos dos países que aceitaram esse acordo (frequentemente obrigados ou pressionados por retaliações) a informar a administração tributária americana dos saldos e dos movimentos das contas dos cidadãos americanos). Muito poucos serão os países capazes de impor uma tal medida.

[75] Ver http://www.un.org/esa/ffd/tax/. Segundo Christensen (in Pimenta (Org.) et al., 2014, p. 59), a secundrização desta instituição resulta do boicote por parte dos países que lideram a OCDE.

6. COMO DEBELAR O FLAGELO?

- Aumento da informação, do conhecimento e da consciencialização sobre a natureza gravosa dos *offshores* para a vida de cada um de nós e para a sociedade em que vivemos.
- Ampliação da nossa capacidade de intervenção política, desmontando a argumentação da «inevitabilidade» e exigindo do Estado (poder legislativo, executivo e judicial) a assunção de certas actuações.
- Conjugação da vontade social e da acção pública para assunção de determinadas posições internacionais.

No âmbito da primeira vertente o que é possível fazer?

Começando por recordar várias sugestões apresentadas por Murphy e Shaxson, atrás referidas, consideramos importante

[B.1] Criar um trabalho sistemático informativo e esclarecedor sobre a actividade dos *offshores*. Tal significará apoiar todas as estruturas já existentes que o façam mas também criar em Portugal uma «sucursal» da Tax Justice Network, reprodutora para os portugueses da informação já existente e a criar.

[B.2] Pressionar as instituições de ensino (secundário e superior) a darem mais atenção ao risco da fraude económico-financeira como parte integrante da implementação ou aumento do pluralismo teórico[76].

[B.3] Garantir uma informação institucional mais rigorosa e regular sobre estas problemáticas.

---

[76] Por um lado é dada pouca atenção á fraude, como refere Black (2005, p. 247) que, após um estudo empírico, conclui que os estudantes de Economia e de Direito terminam os seus cursos sem nunca terem analisado devidamente o risco d fraude, apesar da importância dessa temática para a actividade profissional. E o mesmo se poderá dizer de estudantes de outras formações. Por outro lado, o frequente monolitismo paradigmático e as opções feitas na sua escolha tendem a criar uma «cultura diferencial» facilitadora da opção pela fraude.

Em relação à pressão da «sociedade civil» sobre o Estado é preciso ter presentes dois aspectos:

- Muitas propostas políticas, seja sobre que assunto for, têm directa ou indirectamente impactos sobre a ética e a fraude económico--financeira vigente. Contudo estes são quase sempre subestimados. Por isso temos vindo a defender, tomando como modelo os estudos de impacto ambiental, que exista *a priori*, para muitas medidas políticas um estudo dos impactos fraudulentos.
- Muitíssimas das acções de combate à fraude passam por iniciativas legislativas, podendo-se aventar, se para tal tivéssemos engenho e arte, uma vasta lista de acções legislativas. Contudo não o faremos por carência de conhecimentos, mas essencialmente porque as leis devem reflectir o pulsar da sociedade e ser acompanhadas de medidas de medição do seu impacto sobre a sociedade[77].

Com estas limitações, há contudo, algumas sugestões:

[C.1] Haja uma quantificação rigorosa dos factos e da actuação do Ministério Público e dos Tribunais em relação a actividades defraudadoras, tomando como referência inicial as sugestões da OCDE[78].

[C.2] O Ministério Público, as polícias e os Tribunais devem promover investigações mais céleres, para o que pode ser importante a cooperação institucional com outras entidades, nomeadamente científicas. Devem visar a culpabilização por todos os crimes cometidos[79].

---

[77] Para sermos coerentes com o anteriormente referido há que chamar a atenção para a similitude existente – às vezes – entre o direito de propriedade (assumindo as responsabilidades socais inerentes a esta) e o direito de usufruto (quando este é um *travesti* do efectivo direito de propriedade).

[78] Veja-se, aplicado à corrupção, Calado (2013). Na sequência desse trabalho foi elaborada uma proposta de quantificação da corrupção e que ainda hoje continua na gaveta por inércia de algumas instituições.

[79] Sobre este assunto ver, por exemplo, Pimenta (2017a) a propósito do afirmado em *Apanhados* (Vilela, 2017)

[C.3] Reestruturar radicalmente o Centro Internacional de Negócios da Madeira eliminando progressivamente todos os aspectos do seu funcionamento que permitam identificá-la efectivamente com um *offshore*. Uma mudança real e não de cosmética e logro.

Eis algumas sugestões que o futuro se encarregará de limar e completar, sempre com o objectivo de acabar com os offshores.

7. CONCLUSÃO

7.1. O capitalismo pode ser melhor não havendo os *offshores*?

Face a esta pergunta há posturas diferentes. Se for um defensor da concorrência fiscal e da existência de *offshores* a pergunta nem se coloca. Se considerar que o capitalismo, na sua forma actual, é globalmente positivo mas há muitos aspectos que carecem de reformulação e melhoria, incluindo na actuação dos *offshores*, considerará que deverão existir reformas.

Contudo não admitimos que seja em nenhum destes dois contextos que a pergunta surge.

Pressupõe-se que o capitalismo é incapaz de garantir a plena dignidade às sociedades e aos cidadãos, que corresponde a uma fase histórica da evolução da humanidade e que deverá ser substituído por outra(s) forma(s) de organização social.[80]

Esta apreciação genérica sobre o capitalismo não invalida reconhecer que há diversas formas de organização capitalista, como o demonstra a

---

[80] Mesmo dentro desta postura radical há várias *nuances* que nos escusamos de analisar. Assim, por exemplo, se se considerar que o capitalismo está sempre numa crise estrutural, ou é essencialmente imoral, pode haver uma tendência para se considerar irrelevante combater os *offshores*. Pode ser mesmo considerado pernicioso ou porque "cria a ilusão de que pode haver um bom capitalismo" ou porque corresponde a um desvio ideológico em relação ao essencial (o combate frontal contra o capitalismo). Admitimos que esta seja uma posição muito frequente, apresentada, por vezes, de forma inadvertida.

OS *OFFSHORES* DO NOSSO QUOTIDIANO

evolução histórica, a influência do poder político sobre a sociedade e as diversidades regionais.

Sem negarmos esta diversidade, os dados objectivos demonstram inequivocamente que numa fase de globalização, assume um conjunto de características perniciosas:

- Redistribuição de rendimento para além da produção de rendimento novo, resultado da financiarização, do aumento da economia não registada, da fraude, da grande importância relativa do capital fictício. Processo que envolve a sociedade mundial.
- Como dizem alguns autores "as sociedades capitalistas contemporâneas já não são sociedades com economias de mercado, mas sociedades de mercado" (Bernardo in 2015, p. 187, citando Michel Sandel). É o aparecimento do Estado-mercado: "Enquanto o Estado-nação baseou a sua legitimidade numa promessa de melhorar o bem-estar material da nação, o Estado-mercado promete maximizar as oportunidades à disposição de cada cidadão individual" (Arkinson in Napoleoni, 2009, p. 87)[81]. Outros recordam que aumentou o lado obscuro da economia (Napoleoni, 2009) traduzido em mais economia ilegal, reforço das organizações criminosas transnacionais, a «captura» das elites económicas e políticas por estas, o retorno a relações laborais que se consideravam ultrapassadas, como é a escravatura. Segundo vários estudiosos e políticos estamos num novo capitalismo criminal (Gayraud, 2014b, 2014c)

Por tudo isto é importante combater os *offshores*, enquanto instituições nascidas no capitalismo e assumindo uma importância crucial na sua actual fase, na globalização.

Há motivos para defender que se deve combater os *offshores*:

---

[81] Esta defesa do individualismo é, em grande medida, a negação da sociedade: um "totalitarismo do consumo" que faz, de cada um, um explorador de si-mesmo; a dominação pelo endividamento, o privilegiar os contratos individuais de trabalho e a precarização das relações de trabalho e da capacidade de lutar contra elas, um aumento do isolamento em relação ao outro.

a) Independentemente da análise que se faça do capitalismo actual (e neste "actual" é preciso ter em conta o que dissemos sobre a história multipolar dos *offshores*) a sua existência agrava uma panóplia das suas características.

b) Se os conceitos de "mercado", "eficiência", "concorrência" e outros na mesma linha de concepção da racionalidade económica podem ser ambíguos ou ideologicamente aceites como realidades objectivas, as noções de "agravamento das desigualdades", "privilégios de uns são custos para os outros", "necessidade de justiça social", "universalidade dos comportamentos éticos" têm uma realidade objectiva e um impacto emocional favoráveis para a acção.

c) É a partir das realidades do sistema social que é possível desencadear alterações estruturais. O imediato é uma parte do todo.

Por outras palavras: combater os *offshores* pode ter impactos mais amplos que a contenção dos circuitos perniciosos a eles associados e cria condições mais favoráveis para as transformações sociais visando "uma sociedade decente"(E. P. Ferreira, 2016).

ANEXO

A.1. Enquadramento

Sobretudo desde a crise iniciada em 2007 a atenção dos países – flagelados pela crise com o problema social do desemprego, do descontentamento, das dificuldades orçamentais e a grande maioria dos cidadãos atingidos pelo agravamento das condições de vida e pela nacionalização dos prejuízos de muitas empresas – tem havido maior atenção à fraude fiscal e à associação desta com os *offshores*. Um sinal desta importância deu-se com

> "a guerrilha que opôs o fisco americano ao banco suíço UBS após a revelação, em fins de 2007, da organização de evasão fiscal de alguns milhares de «clientes», desde o início dos anos 2000. No total, os observadores do outro lado do Atlântico, descobriram que só no ano de 2004 a UBS criou pelo menos 900 sociedades fantasma para garantir o anonimato de clientes ricos dos EUA, que dezenas dos seus comerciais operavam ilegalmente no território americano, que aqui tinham criado pelo menos 52.000 contas não declaradas na Suíça e em outros paraísos fiscais" (Peillon, 2012, p. 12)

Este anexo serve para referirmos alguns destes escândalos, de uma forma muitíssimo breve e chamarmos a atenção para algumas instituições.

A.2. Caso Falciani e HSBC

Hervé Falciani, engenheiro de sistemas informáticos foi contratado pelo HSBC (Hong Kong and Shanghai Banking Coprporation), banco multinacional britânico fundado em 1865, para trabalhar na sua filial suíça em Genebra no reforço da segurança informática. Contudo em 2006 resolveu copiar os dados de mais de cem milhares de clientes, provavelmente envolvidos em operações de fraude fiscal e branqueamento de capitais. Provavelmente fê-lo para os vender a eventuais interessados, mas, relacionado com a sua prisão, a base de dados acabou por ser entregue às autoridades francesas.

De imediato se constatou a importância dessa listagem pois dela constavam diversas personalidades da política e da economia francesa (incluindo o então Presidente da República). Porque era de supor a sua relevância para outros países o governo francês entregou essa listagem aos governos de outros países da UE ou disponibilizou-se para o fazer aos que a solicitassem.

Em Portugal, quando do acontecimento não se ouviu falar do assunto. Por isso em Dezembro de 2012, numa crónica (Pimenta, 2012) alertava-se para o problema: "Oh compadres, o que eu gostava de saber, é se essas informações dadas pelo governo francês também chegaram a Portugal e o que é que isso permitiu descobrir".

O problema só foi referido no início de 2013 (quando outro escândalo relacionado com a Suíça alertou para o problema) e então todos os políticos e reguladores, passados e presentes, vieram a público declarar que nunca tinham sabido de nada[82].

A.3. Revelações da ICIJ

A.3.1. Desde a crise que esta instituição internacional de jornalistas vem trabalhando para a divulgação da realidade existente nos *offshores*.

---

[82] Publicámos então uma outra crónica sobre o assunto: (Pimenta, 2015). Esta «ignorância» portuguesa merecia uma investigação.

ANEXO

Simultaneamente, a certeza que esses são divulgados, tratados e podem ter múltiplos fins em prol de uma sociedade mais ética tem feito com que alguns intervenientes no processo ou «piratas informáticos» se empenhem na obtenção de documentos utilizáveis pelos meios de informação.

Em 2013 deu-se a primeira manifestação pública do Consórcio começar a divulgar informações sobre os *offshores* nas Caraíbas:

> "publicou aquilo a que chamou as «Offshore Leaks», onde se listavam 100.000 empresas protegidas em diferentes *offshores* para fuga aos impostos incluindo paraísos fiscais nas economias mais desenvolvidas" (Louçã & Ash, 2017, p. 302)

Logo de seguida foi a divulgação de contas secretas da Suíça (Swiss Leaks).

Em 2014 houve a divulgação dos acordos com a autoridade fiscal do Luxemburgo (*Lux Leaks*), a que se seguiu uma série de declarações da UE[83]:

> "Provou-se que desde 2002 este Estado criara, sobre a orientação da Price Waterhouse Coopers um esquema para a evasão fiscal por parte de empresas multinacionais. Jean Claude Junker, então primeiro-ministro (1995-2013, e também ministro das Finanças até 2009) foi o principal obreiro desse esquema, lesando os sistemas fiscais de muitos países, incluindo os europeus" (p. 303)

Em 2016 surgiram os «Papeis do Panamá» (*Panama Papers*):

> "um conjunto de 11,5 milhões de documentos obtidos da sociedade de advogados panamiana «Mossack Fonseca» que fornece informações sobre cerca de 360.000 empresas e indivíduos, de mais de 200 países ligados a estruturas offshore" (Barbosa, Filipe, & Gama, 2017, p. 1)

---

[83] Sobre esta matéria refira-se uma crónica de Sousa (2015)

OS *OFFSHORES* DO NOSSO QUOTIDIANO

Em finais de 2016

"emergiu um novo produto dessa investigação: uma lista de bancos e empresas que usavam o offshore das Bahamas para fugir às suas responsabilidades fiscais. Uma em cada dez das empresas criadas nas Bahamas desde 1990 foi criada pelo Crédit Suisse e pelo UBS, 25.000 cada, embora a campeã continuasse a ser a Monsack Fonseca" (p. 302)

Já este ano (2017) surgiram os «Papeis do Paraíso» (*Paradise Papers*).

Estes são baseados em 13,4 milhões de documentos electrónicos confidenciais relatando investimentos em *offshores* que foram entregues ao jornal diário alemão Süddeutsche Zeitung (mesmo em casos anteriores este jornal tem sido muito importante). Os documentos são originários de um escritório de advocacia *offshore*, de empresas de apoio e registo *offshore* em 19 paraísos fiscais. Os dados contêm os nomes de mais de 120 mil pessoas e empresas.

Em todos os casos "o sistema é sempre o mesmo: há uma fuga de grande quantidade de dados confidenciais de alguma parte e eles aterram nas mãos de jornalistas" (Obermayer, 2016, p. 1). Aterram com uma série de cuidados pois há perigo de morte para alguns intervenientes.

Para sistematizar essa informação foi criado a partir de 2010 um site para a sua divulgação e tratamento: https://offshoreleaks.icij.org/.

Como anunciam em inicio de Dezembro de 2017, reúnem dados sobre mais de 520.000 empresas, fundações e *trusts* situados nos *offshores*.

A.4. Impactos portugueses

Em todos os casos acima referidos há o envolvimento de pessoas, individuais e colectivas, portuguesas, mas devemos tomar muito cuidado com essas análises.

Cabe aqui apenas alertar para as dificuldades de uma leitura, apesar do site da ICIJ permitir fazer pesquisas por nomes e países:

ANEXO

- As relações entre o defraudador do início da cadeia e a instituição num *offshore* é intermediada por muitas instituições, sediadas em diversos países e, muitas vezes, com nomes estrangeiros que em nada reflectem a sua origem.
- Alguns dos nomes que aparecem nos documentos não são dos verdadeiros proprietários, mas de testas de ferro, por vezes mesmo desconhecendo o seu envolvimento nesses processos.
- A documentação divulgada, apesar de muito importante, sobretudo pelo seu impacto na opinião pública, é uma pequeníssima parte da existente associada aos *offshores*. Aliás as ligações mais propagandisticamente escaldantes envolvem políticos e figuras públicas, processos ligados à fraude fiscal e à corrupção, rarissimamente abrangendo os poderosos negócios do crime organizado transnacional (embora alguns nomes «amigos» possam integrá-lo).
- Muitos paraísos fiscais ainda não foram abrangidos pelos escândalos do tipo dos que temos analisado. É o caso, entre muitos exemplos possíveis, da Holanda, onde a EDP andou a electrocutar impostos (Martins, 2013)

Contudo, apesar destas limitações é possível aproveitar proficuamente as revelações internacionais para estudar o papel de instituições portuguesas, como o demonstra Barbosa et al. (2017). E há muito trabalho a realizar, que deve ser acarinhado.

REFERÊNCIAS BIBLIOGRÁFICAS

Alstadsæter, A., Johannesen, N., & Zucman, G. (2017). Tax evasion and inequality. *NBER Working Papers*, 1.

Barbosa, D., Filipe, N., & Gama, J. (2017). A Social Network Analysis of The Portuguese Connection in Panama Papers. *FEP - Working Papers*(592), 16.

Bernardo (Org.), L. (2015). *Correntes Invisíveis - Neoliberalismo no Séc. XXI*. Lisboa: Deriva.

Bilicka, K., & Fuest, C. (2012). With which countries do tax havens share information? *EUI Working Papers*, 42.

Black, W. K. (2005). *The best way to rob a bank is to own one how corporate executives and politicians looted the S&L industry*. Austin: University of Texas Press.

Block, A. A., & Griffin, S. P. (2002). Transnational Financial Crime: Crooked Lawyers, Tax Evasion, and Securities Fraud. *Journal of Contemporary Criminal Justice, 18*(4), 381-393. doi:10.1177/104398602237684

Bouvatier, V., Capelle-Blancard, G., & Delatte, A.-L. (2017). Banks in Tax Havens: First Evidence based on Country-by-Country Reporting. *CEPII Working Paper*, 65.

Braguês, J. L. (2009). *O Processo de Branqueamento de Capitais. Working Papers - OBEGEF*. (4) Em http://www.gestaodefraude.eu

Braun, J., & Weichenrieder, A. (2015). Does exchange of information between tax authorities influence multinationals' use of tax havens? *ZEW Discussion Papers*(15-015), 43.

Buekenhout, I. (2015). A investigação criminal. Desafios presentes e futuros. *Investigação criminal*(9), 10/33.

Calado, A. M. F. (2013). *Corrupção processada em Portugal. Cifras Negras. Working Papers - OBEGEF* (25). Em http://www.gestaodefraude.eu

Caraça, B. J. (1970). *Conferências e Outros Escritos*. Lisboa: Minerva.

Chavagneux, C., & Palan, R. (2017). Une histoire des paradis fiscaux. In *Les paradis fiscaux* (Vol. 4ª éd., pp. 25-46): La Découverte.

Christensen, J. (2012). The hidden trillions: Secrecy, corruption, and the offshore interface. *Crime, Law and Social Change, 57*(3), 325-343. doi:10.1007/s10611-011-9347-9

Congoste, M. (2012). *Le Vol et la Morale*. Toulouse: Anacharsis.

Ducouloux-Favard, C. (2010). *Les paradis fiscaux et judiciaires. De la fraude au crime* (1 ed.). Paris: Riveneuve.

Elsayyad, M., & Konrad, K. A. (2015). Fighting Multiple Tax Havens. *Cesifo Working Paper*(3195), 33.

Estulin, D. (2005). *Clube Bilderberg: Os Senhores do Mundo*. Lisboa: Círculo de Leitores.

Ferreira, B. M. T., & Pereira, G. E. S. (2017). *Centro Financeiro Offshore da Suíça: impostos, regulação financeira e sigilo bancário*. (Disciplina da licenciatura «Seminário de Economia»), Universidade do Porto, Porto.

Ferreira, E. P. (2016). *Por uma sociedade decente*. Queluz de Baixo: Marcador.

FMI. (2017). *IMF Annual Report 2016 - Finding Solutions Together*. Washington: IMF.

Gallant, M. (2017). *Secrecy and Tax-Flight: The Accretion of Global Shadows*. Paper presented at the I2FC2017: Interdisciplinary Insights on Fraud and Corruption 2017, Porto.

Gayraud, J.-F. (2011). *La Grande Fraude. Crime, Subprimes et Crises Financières*. Paris: Odile Jacob.

Gayraud, J.-F. (2012). *A fraude e a criminalidade organizada na União Europeia / La fraude et la criminalité organisée dans l'Union Européenne. Working Papers - OBEGEF* (10). Em http://www.gestaodefraude.eu

Gayraud, J.-F. (2013). Frauds and Organized Crime in Europe. In A. Teixeira, A. Maia, J. A. Moreira, & C. Pimenta (Eds.), *Interdisciplinary Insights on Fraud* (pp. 26). Cambridge: Cambridge Scholars Publishing.

REFERÊNCIAS BIBLIOGRÁFICAS

Gayraud, J.-F. (2014a). Fraud and organized crime in Europe: In the ice-cold waters of organized crime. In A. A. C. Teixeira, A. Maia, J. A. Moreira, & C. Pimenta (Eds.), *Interdisciplinary Insights on Fraud* (pp. 33/58). Cambridge: Cambridge Scholars Publishing.

Gayraud, J.-F. (2014b). *Le Nouveau Capitalisme Criminel*. Paris: Odile Jacob.

Gayraud, J.-F. (2014c). Un Nouveau Capitalisme Criminel: Dérégulation Aveugle, Géantes Scènes de Crimes. *Revue Française de Criminologie et de Droit Pénal* (3).

Gayraud, J.-F., & Thual, F. (2012). *Géostratégie du crime*. Paris: Odile Jacob.

Gedeão, A. (1983). *Poesias, Completas* (9 ed.). Lisboa: Sá da Costa.

Global Financial Integrity. (2017). *Transnational Crime and the Developing World*. Washington: Global Financial Integrity.

Gonçalves, N. (2010). *Economia Não Registada em Portugal*. Porto, OBEGEF & Húmus. Em https://obegef.pt/wordpress/?p=3636

Gumpert, A., James R. Hines, J., & Schnitzer, M. (2011). The use of tax havens in exemption regimes. *Deutsche Bundesbank, Discussion Paper. Series 1: Economic Studies* (No 30/2011), 72.

Gumpert, A., Jr., J. R. H., & Schnitzer, M. (2012). The use of tax havens in exemption regimes. *Governance and the Efficiency of Economic Systems*, 54.

Hassan, M., & Schneider, F. (2016). Size and Development of the Shadow Economies of 157 Countries Worldwide: Updated and New Measures from 1999 to 2013. *IZA DP*(10281).

Hebous, S., & Lipatov, V. (2011). A Journey from a Corruption Port to a Tax Haven. *Oxford University Centre for Business Taxation*(12/04), 43.

Henry, J. S. (2012). *The price of offshore revisited: New estimates for missing global private wealth, income, inequality, and lost taxes*. http://www.taxjustice.net: Tax Justice Network.

Johannesen, N., & Zucman, G. (2012). The End of Bank Secrecy? An Evaluation of the G20 Tax Haven Crackdown. *Paris - Jourdan Sciences Economiques -wp*(2012 - 4).

Louçã, F., & Ash, M. (2017). *Sombras. A Desordem financeira na era da globalização*. Lisboa: Bertrand.

Machado, J. P. (1996). *O Grande Livro dos Provébios*. Lisboa: Editorial Notícias.

Maia (Org.), A., Sousa (Org.), B., & Pimenta (Org.), C. (2017). *Fraude em Portugal - factos e contextos*. Coimbra: Almedina.

OS *OFFSHORES* DO NOSSO QUOTIDIANO

Martins, J. P. (2010). *Revelações*. Lisboa: SmartBook.

Martins, J. P. (2011). *Suite 605*. Lisboa: Associação Editorial Nexo Literário.

Martins, J. P. (2013). EDP anda a electrocutar impostos Em https://obegef.pt/wordpress/?p=5263

Martins, J. P. (2016, 12/09/2016). A Maldição da Madeira. *Público*.

Méric, J., Presqueux, Y., & Solé, A. (2009). *La «Société du Risque»: analyse et critique*. Paris: Economica.

Morgado, M. J., & Vegar, J. (2003). *O Inimigo sem Rosto. Fraude e Corrupção em Portugal* (1 ed.). Lisboa: Dom Quixote.

Murphy, R. (2017). *O livro negro dos offshores*. Lisboa: Clube do Autor.

Napoleoni, L. (2009). *O Lado Obscuro da Economia*. Lisboa: Presença.

Obermayer, B., & Obermaier, F. (2016). Le Secret le mieux gardé du Monde. Le roman vrai des Panamas Papers (M. Ramadier, Trans.). Paris: Seuil.

OCDE. (2002). *Measuring the Non-Observed Economy - A Handbook*. Paris: OCDE.

Oxfam. (2000). *Tax havens: Releasing the hidden billions for poverty eradication*: Oxfam.

Palan, R. (2002). Tax Havens and the Commercialization of State Sovereignty. *International Organization, 56*(1), 151-176. doi:10.1162/002081802753485160

Palan, R. (2009). History of tax havens. *Policy Papers*, 5.

Peillon, A. (2012). *Ces 600 Milliards qui manquent à la France. Enquête au coeur de l'évasion fiscale*. Paris: Seuil.

Pimenta (Org.), C., Maia (Org.), A., Teixeira (Org), A., & Moreira (Org.), J. A. (2014). *Perceção da fraude e da corrupção no contexto português*. Ribeirão: Edições Húmus.

Pimenta, C. (1989). *Os Salários em Portugal*. Lisboa: Caminho.

Pimenta, C. (2009). Crónica de uma metamorfose anunciada: Offshores. Em https://obegef.pt/wordpress/?p=905

Pimenta, C. (2012). Duas comédias do mesmo drama. Em https://obegef.pt/wordpress/?p=1084

Pimenta, C. (2014). 35 000 000 000€ para Rolls-Royces. Em https://obegef.pt/wordpress/?p=8670

Pimenta, C. (2015). HSBC, parte do todo. Em https://obegef.pt/wordpress /?p=16989

Pimenta, C. (2017a). Isolados somos menos capazes. Em https://obegef.pt/wordpress/?p=34095

Pimenta, C. (2017b). Neofideísmo e a fraude económico-financeira. *Le Monde Diplomatique - edição portuguesa*(Nov. 2017).

Pimenta, C. (2017c). *Racionalidade, Ética e Economia*. Coimbra: Almedina.

Pimenta, C., Afonso, Ó., & Fonseca, R. (2017). *Crise, rupturas e continuidade no mundo e na África subsariana*. Working Papers - OBEGEF (55) em https://obegef.pt/wordpress/?p=33971

Pinto, C. (2008, 28/02/2008). As 'off-shores' são a hipocrisia do sistema. *Visão*.

Robert, D., & Verzeroli, M. (2016). « Le vrai pouvoir est de cacher ce qui a été révélé ». [« The power is to hide what has been revealed »]. *Revue internationale et stratégique, 103*(3), 7-24. doi:10.3917/ris.103.0007

s.a. (2013). Portugal promises tax-friendly regime. Em https://www.theguardian.com/business/economics-blog/2013/oct/22/portugal-tax-rate-business

Sampaio, G. (2014). *Os Facilitadores. Como a política e os negócios se entrecruzam nas Sociedades de Advogados*. Lisboa: Esfera dos Livros.

Santos, C. M. C. (2001). *O Crime de Colarinho Branco (Da Origem do Conceito e sua Relevância Criminológica à Questão da Desigualdade na Administração da Justiça Penal)*. Coimbra: Coimbra Editora.

Shaxson, N. (2012). *Les Paradis Fiscaux. Enquête sur les ravages de la finance néolibéral* (E. Fourmont, Trans.). Waterloo: André Versaille editeur.

Sousa, B. (2015). E depois do LuxLeaks? Tentativa de harmonização fiscal do imposto sobre as empresas na União Europeia?. Em https://obegef.pt/wordpress/?p=20653

Steinko, A. F. (2013). *Delincuencia, finanzas y globalización*. Madrid: Centro de Investigaciones Sociológicas.

Sutherland, E. H. (1940). White-collar criminality. *American Sociological Review, 5*(1), 1-12.

Sutherland, E. H. (1983 [1949]). *White-Collar Crime: the uncut version*. New Haven: Yale University Press.

Vilela, A. J. (2017). *Apanhados. As investigações judiciais às fortuna escondidas dos ricos e poderosos*. Barcarena: Manuscrito.

Vittori, J. M. (2004). *The Business of Terror: Al-Qaeda as a Multi-national Corporation*. Paper presented at the Conferencia Anual do Institute of National Security Studies (INSS), Washington.

ÍNDICE

PREFÁCIO 7

1. INTRODUÇÃO 13

2. ENUNCIAÇÃO INICIAL 17

3. CARACTERIZAÇÃO DOS OFFSHORES 27

    3.1. Offshore é uma designação vulgar e corrente de um conjunto de
realidades muito diversas, mas que têm um conjunto comum de
elementos caracterizadores. Podes desenvolver esta ideia? 27

    3.3. Só recentemente começámos a ouvir falar mais frequentemente
de offshores. Pelo menos comigo aconteceu isso. Desde quando
é que existem? 34

    3.4. Sugeríamos que atendêssemos mais no pormenor e víssemos como
é que uma região se pode constituir como offshore e, talvez antes disso,
porque o fazem.. 42

    3.5. Como é que um tal mundo e submundo pode funcionar sem que
os intervenientes se enganem uns aos outros? Por exemplo, como
é possível que os "testas de ferro" não roubem os verdadeiros
proprietários?. 45

4. SUA ENUNCIAÇÃO 51

    4.1. Será possível apresentar uma lista de todos os offshores? 51

    4.2. Afirmaram que a lista da Tax Justice Network é a mais completa.
Podem justificar um pouco isso?. 60

    4.3. Sabemos que cada offshore tem as suas características. É possível
darem alguns exemplos das diferenças entre eles?. 61

OS *OFFSHORES* DO NOSSO QUOTIDIANO

4.4. Portugal é um offshore? 64
4.5. Há alguma relação entre os níveis de corrupção dos países e o facto
de serem offshores? 67
4.6. É possível fazer uma incursão mais pormenorizada sobre a Europa? . 70

5. CONSEQUÊNCIAS SOCIAIS 73
5.1. Será possível apresentarem-nos números sobre o que offshores
representam na sociedade mundial? 73
5.2. Esses dados são alarmantes. Essa riqueza está efectivamente nos
offshores? 79
5.3. Tudo o que tem sido explanado é o resultado de uma «teoria da
conspiração»? 81

6. COMO DEBELAR O FLAGELO? 83
6.1. Antes de se entrar no que se pode fazer para combater os offshores
talvez fosse útil conhecer os argumentos dos seus defensores.
Será possível enunciá-los?. 83
6.2. Os offshores são o refúgio da regulação financeira internacional? . . . 86
6.3. Como se justifica que depois de tantas declarações políticas contra
os offshores eles continuem e existir?. 87
6.4. Como se pode efectivamente acometer os offshores? 90

7. CONCLUSÃO 103
7.1. O capitalismo pode ser melhor não havendo os offshores?. 103

ANEXO. 107
A.1. Enquadramento. 107
A.2. Caso Falciani e HSBC 108
A.3. Revelações da ICIJ 108
A.4. Impactos portugueses 110

REFERÊNCIAS BIBLIOGRÁFICAS 113